中國
傳統

佛菩薩畫像

珍藏版

下

編繪 釋心德

文物出版社

前　言

　　佛像，應該是放在寺廟裏的，把佛像模仿博物館的方式一樣陳列的寺廟，雖然也有，但是，這并不是它本來所應有的擺放方式。

　　佛像被安置在寺廟裏的原因，是非常單純的，那就是把佛教的尊恪，用形狀來加以顯示。"佛像"在佛教的世界裏，是很重要的一部分，因爲它創造，并且表達了佛的境界。把佛像當藝術品，或古董，甚至當做歷史遺物，并不是錯誤的，問題是要寫關於佛像的書籍時，所可以參考依據的這類資料，實在是太多了，簡直令人分辨不出哪一種比較正確，這真是一個不容忽視的嚴重問題。

　　把佛像當做"佛"這個重點來處理時，究竟要從哪裏開始着想呢？我們認爲應該把佛教作爲前提，在佛教世界的脉絡裏，去探究佛像所持有的獨特意味，才是正確的方法。佛像并不是在一時的高興或是旨在欣賞它的姿態時才被創造的，如果仔細探討，不難發現各種種類和姿態的佛像，被安置在各個不同場所，這是必須根據佛教的教理、按固定的方法來安置的。

　　説到這裏，如果加以分析的話，可以從"教"與"理"兩方面來談。"教"，就是教法，具體來説就是解釋佛經裏的内容；"理"就是用具有體係的、嚴密的，以及平易疏淺的方式來説明佛經，讓人理解。但是，不管是教或是理，都是需要以言語、文字來當媒介的，若是不用言語二字的牽引，就没有辦法理解。這是非常麻煩，却又是不可避免的一件事。從數不盡的各種言語當中，去了解某一件事物的理，并不是一件簡單的事，不僅對内容不易了解，甚至對以前所讀過的、聽過的或記憶裏的都一樣不容易。當要仔細思考一件事情時，經常會有很多的雜念，没有辦法集中思維去進行。對像這些或多或少具有輕微力量的普通人來説，佛像剛好是最好的輔助和牽引。

　　"慈悲"是什么？"方便"是什么？"智慧"是什么？"極樂往生"又是什么……，當不能完全體會這些佛教境界和名相的真實時，如果能把佛像或佛畫放在際目所及的地方，可能比較能集中我們的思維，幫助我們的思考。在佛教裏，對觀、想、定這些名詞的使用，和對冥想以及冥想法，都説得很清楚。例如在"净土宗"裏，阿彌陀如來和兩側的觀世音菩薩、大勢至菩薩，對極樂净土境界的描述，用非常明朗化的形態來讓人打心底産生向往心。觀想、觀念、觀佛、念佛，這些名相，也可以説明冥想法的意思。這種冥想法，在佛經中也有明確的記載。但是，如果只看了經典，還是無法輕易地使用冥想法的。因爲，不是具體的事情，要用定力去沉思、觀想，畢竟不是一件容易的事。而是要努力修持，才能做到的。雜念，是每個人都會有的，而且會不斷地涌上心頭的，所以始終是一件傷腦筋的事，趕也趕不走，即使稍稍排除，也是還會立刻再浮上來。有趣的是，想要排除雜念的這種念頭，它本身又何嘗不是一個雜念呢？如果没有某一種東西來牽引，一般凡俗的人，是比較不容易集中心思的。所以，人人都想尋求冥想時能當做牽引的東西，這就是與净土宗關係密切的佛像和佛畫，是靠視覺的注意力來集中思維。眼前如果有經典中所描繪的阿彌陀佛像的話，那就是最好的牽引，我們可以借他來觀想阿彌陀如來佛。

　　用言語不易表達的事情，有時將圖像擺在眼前，往往會出乎意料之外，可以很順利地傳達内容，這就是佛像會被廣泛接受，并且不斷製造的最大原因。所以，佛像是應那些想堅强信息的人的需要而存在，這一點是毫無疑義的。有了信心，佛教徒們求取菩提的心，和已發的菩提心是沒有二樣的。退一百步來說，信心是向佛菩薩祈求家庭平安，無病消災的最原始力量。雖然這樣，但是請安心，佛教（尤其是大乘佛教）并不需要用急迫的心情去速求理解，對一個祈願的人來說，不見得能立即滿願。佛教的思想究竟是什麼？這個深奧的善知識，對一般抱着祈願的心而來的人來說，是不一定能接受的。所以，對能用來聽聲音的耳朵來說，大乘佛教的佛和菩薩們，就是要把我們導引到佛教真實世界的踏脚石，把人們眼前的問題先行解決，才是善巧方便。以密宗《大日經》來說，除了可以達到方便法門之外，更進一步能闡述出來"理想是什麼"的地步。"方便究竟"，這是經典上所強調的文字記載。用什麼方法去有效地實踐慈悲，這是佛教的最終境界之一，因此，維持這樣的心情，不退轉信心，對這些人們在精神上的依靠，會産生出是否應該有佛像的結論。因此，把佛像當做修行（冥想）和信心的依靠，正可說是接引上的有效輔助方法之一。

事實上，佛像在原則上，并不是用來代表佛或者菩薩的，就如前面所說的，是把佛像當做修行和信心的輔助而已。心中的念頭太過於集中，把佛像中的佛，當作有如見到真佛，這樣的現象是常有的，也是負有某種特殊意義的，這種自古代印度婆羅門教以來，神秘性的同置冥想的說法，多爲佛教徒所接受，這是無可置疑的。

佛像产生的考据

佛像究竟是爲什麼緣故而存在的？這個緣由，我們可以在大體上陳述一下，因爲有些學者曾經去印度實地考察佛像形成和製造的過程。不知什麼道理，在印度，佛教宏揚以前，習慣上是根本沒有神像的。不僅沒有神像，甚至連神龕、佛堂這一類的宗教設施也沒有。當有祭典的時候，才設一個祭域或祭壇，爲了祭典，有時也會特別准備一些道具，一旦儀式結束後，這些東西都會全部銷毀。這是什麼理由？至今仍然是一個解不開的謎，反正在佛教的場合，我們可以看得出，佛像已經成爲永久性的宗教遺物，這一點是錯不了的事實。

可是在剛開始時，并不是那麼簡單的，從我們現在的感覺來說，在釋尊入滅之後，把他紀念像製造出來，讓後世人贊嘆他的德行，這樣一件現代人看起來簡單的事，在當時并不是那麼容易就被接受的。

在釋尊入滅後，經過兩三百年，佛像的製作才開始萌芽。但并不是照釋尊原來的形態一模一樣地做出來，而是把他的足印（佛足石）或是釋尊悟道的菩提樹，或是象徵釋尊說法的法輪（輪寶），來間接代表釋尊。因爲釋尊太崇高偉大了，如果把他的形相，原原本本地表現出來，也許會被認爲冒瀆了他的神聖。這是長久以來，一般人對這件事的解釋。但是對這樣的說明，却也有人認爲因爲不真實，而不妥當呢。佛教内部的信徒們，談論這件事的態度，倒是很隨緣的，他們的觀念是，世尊已經入滅，不存在於這個世上，對於一個入滅而進入涅槃的人，哪來的（軀體）這種實物呢？這樣的解釋，覺得比較合理。

對於佛的身體，還是不斷有人在進行考查探究。佛的身體特征，首先引起人們的好奇，一般人的感覺是：因爲是"佛"，所以和我們凡夫不應該有同樣的軀體，所以傳説中理想的帝王把轉輪聖王的形體特征當做樣本，眉間有白毫，身體會發出金色光輝……這些吉祥的超人特征。經過相當的一段時間之後，佛的三十二相，八十種好，便用這種形狀慢慢地被固定出來。直到今天還被當做佛像（尤其是如來像）的製作基准。在那時剛剛開始慢慢擴大的大乘佛教，也致力於發展出另一種形態的佛教理論。據大乘佛教的説法，成佛的并不只是釋尊一個人，過去也一定有一些人開悟成佛，釋尊是他們之中的第七佛。

　　大乘佛教的傾向，更增加了許多新的想法，那就是過去世、現在世、未來世。并且又主張四方、四維及上下合成的十方，都隨處充滿了佛，所謂的三世十方諸佛，指的就是這個意思。到現在爲止，還沒有提過阿彌陀如來、藥師如來、阿閣如來、毗盧遮那佛等，大乘佛教經典裏，都會爲我們一一介紹。佛究竟用什么樣的形態存在着呢？究竟具有什么樣的身軀呢？或用什么樣的方法來表現他自己呢？這些事，一直爲後人所談論着。這樣的言論，可以稱之爲"佛身論"。

　　以言論比較古老的基本佛身論來説，可以把他分爲法身和生身的二身論，以及法身、報身和應身的三身論，這二種説法。

　　以二身論來説，法身的意思并不是我們所認爲的身體，也不僅是肉體。按照佛教的教法是指"無色、無形、莊嚴而不見，以正法爲體，而證得的理體。"生身是指"諸佛爲了濟渡衆生而托父母胎生的肉身。"例如釋迦如來的身體便是。過去，有很多的佛示現在這個世界上，不管是真實或是示教，從古代到現在，意味着永遠始終不變的在我們周圍，這就是法身的意思。比如釋迦牟尼佛就是把法身放在世上，而用肉體示現的人。

　　接下來談到三身論，所謂法身和二身論裏的法身意思相同。應身和生身的意思也一樣，只不過應身更加説明了變化身的意義。就是説對真實或教示的法身，爲了要普渡、救濟衆生，而顯現的一種姿態。報身的定義，就是在久遠以前立下了誓願，據此願力修行的菩薩。爲了誓願與修行的積纍，終於成佛。換一種説法來解釋，報身就是爲了誓願和修行的報酬，而得到的身體。照這樣説來，釋迦如來是應身（生身）和報身兼具，一般除了釋迦如來以外的如來，如阿彌陀如來和藥師如來等，就不具備這樣的雙重身軀。因此，報身是很微妙的、叫人捉摸不定的身體。在這裏，我們不妨以阿彌陀如來，來進一步做應身的解釋，像他這樣的如來，在這個娑婆世界存在，但在娑婆世界上并沒有直接對衆生布教的經歷，這種"經歷"就是區別的重要理由，也是唯一的理由。以應身的身份，在娑婆世界上，直接教導佛法的如來，釋迦如來是最後的一位如來。

　　就像這樣，"佛"的身體，被一般人議論着，同時三十二相、八十種好，也逐漸被整理出來，佛身體超人的特征，經過考察以後，佛像的製作，就根據這個佛姿，慢慢地去表現了。佛像經過這樣的演進之後，便大量的塑造出來了。

目 錄

圖版

一、釋迦三尊

在古代，釋迦三尊有一定形式，即釋迦佛與阿難、迦葉二聲聞弟子，後來又有稱釋迦佛與文殊、普賢爲釋迦三尊者。

阿難，佛陀的十大弟子之一。全名阿難陀，意譯爲歡喜、慶喜、無染。是佛的堂弟，出家後二十五年爲佛的常隨執事弟子，善記憶，對於佛陀所説之法，多能朗朗記誦，故譽爲多聞第一。阿難天生容貌端正，面如滿月，故雖已出家，却屢遭婦女之誘惑，然阿難志操堅固，終得保全梵行。於佛陀生前未能開悟，佛陀入滅時悲而慟哭；後受摩訶迦葉教誡，發憤用功而開悟。於首次結集經典會中被選爲誦出經文者，對於經法之傳持，功績極大。初時佛陀之姨母摩訶波闍波提欲入教團，是阿難從中斡旋，終蒙佛陀許可，對比丘尼教團之成立功勞至鉅。

迦葉，全名大迦葉，摩訶迦葉。又作迦葉波、迦攝波，意爲飲光。爲佛十大弟子之一。付正法眼藏爲第一祖。生於王舍城近郊之婆羅門家。於佛成道後第三年爲佛弟子，八日後即證阿羅漢境地，爲佛弟子中最無執着之念者。人格清廉，深受佛陀信賴，於佛弟子中曾受佛陀分予半座。佛陀入滅後，成爲教團之統率者，於王舍城召集第一次經典結集。直至阿難爲法之繼承者，方遵佛囑於雞足山入定，以待彌勒佛出世，傳佛僧伽梨衣，方行涅槃。

5. 釋迦三尊像之三 普賢菩薩

二、華嚴三聖

即華嚴經所指華藏世界之三位聖者。1. 毗盧遮那佛，毗盧遮那意爲遍一切處。謂佛之煩惱體净，眾德悉備，身土相稱，遍一切處，能爲色相所作依止，具備邊際真實功德，是一切法平等真實性；即此自性，又稱法身。2. 普賢菩薩，以其居伏惑道之頂，體性周遍，故稱普；斷道之後，鄰於極聖，故稱賢。3. 文殊師利菩薩，文殊師利意爲妙德。以其明見佛性，具足法身、般若、解脫三德，不可思議，故稱妙德。毗盧遮那佛理智完備，居中位，文殊菩薩主智門，立於毗盧遮那佛之左；普賢菩薩主理門，位於毗盧遮那佛之右。

關於三聖之關係，據澄觀所著《三聖圓融觀門》載，三聖之內，以二聖爲因，以如來爲果，然因果德超越言語思想，故宜自"二因"悟解之；若悟二因之玄微，則知果海之深妙。《新華嚴經·卷三》謂，《華嚴經》中以佛果不可説，故以文殊、普賢二菩薩爲説主，其中以能信之深心爲文殊，所信之法界爲普賢。蓋文殊勤修，成法身之本智；普賢大行，成差別智之行德。故以文殊、普賢配合毗盧遮那佛，共爲華嚴三聖，利樂一切有情。

三、釋迦牟尼佛

"釋迦"是古印度迦毗羅衛國一個種族的名稱，"牟尼"是梵語，是寂默或智者、仙人的意思。"釋迦牟尼"，就是說釋迦族的聖者。釋迦兩字當能仁講，表示佛心慈悲廣大，牟尼兩字作寂默講，表示他深具智慧。

釋迦牟尼佛是印度迦毗羅衛國的太子，父名首頭檀那，譯爲净飯王，母爲摩訶摩耶。釋迦牟尼在四月初八日，誕生於藍毗尼園的無憂樹下，從摩耶夫人右肋降生，生下後天降香花，九龍吐水爲太子沐浴。據說太子生下後即能行走，并一步一朵蓮花，行走七步説："天上天下唯我獨尊"。他在幼童時，取名爲悉達多。他天資聰慧，精通百般學術技藝，其非凡的才能，在當時已名聞天下。成年後娶鄰國拘利城，善覺王之女耶輸陀羅公主爲妻，生一子名羅睺羅。

有一次太子同侍臣盛裝出城郊游時，目睹老、病、死等狀況，深感人生的苦痛與無常。爲此事他晝思夜想，竟至廢寢忘食，遂決心於二十九歲出家，獨至於深林静處，一意修行。先後到南方的毗舍離、摩揭陀國等訪問當時最聞名的蓮華仙人、跋伽仙人、阿藍伽藍仙人等，請教關於生、老、病、死的苦惱疑惑，前後達六年之久，均得不到什么要領。

徒勞身心，仍毫無所得，遂改變方法；先到尼連禪河洗净身軀，又接受牧女的供養，恢復體力後；即到伽耶村畢鉢羅樹下，結跏趺坐下，發誓："不成正覺，誓不起此坐"。終於排除世間一切障礙誘惑，直到一天黎明時，東方出現了一顆燦爛的明星，而廓然大徹大悟，此時太子剛好三十五歲。

成道之後，釋尊先到波羅奈城的鹿野苑，去度憍陳如等五比丘；又到王舍城，途中巧遇三迦葉等，因此釋迦的聲譽，便普震全印度了。後來在王舍城，又度摩揭陀國的婆娑羅王、舍利弗、目犍連等。三年後，回故鄉度其父王、異母弟阿難、表兄弟難陀、及其子羅睺羅等親屬，逐步成立了釋迦的教團；以後他常在恒河兩岸的摩揭陀國、憍薩羅國及毗舍離國間來往說法度衆，從無間斷。直到八十歲時，在北方拘尸那揭羅城外，跋提河畔的娑羅雙樹下，頭北面西而卧，諸弟子均趨前恭聽遺誡至午夜而寂然入涅槃。後世各佛寺内所見的涅槃像，就是爲了紀念當時的情形而作的。

有關世尊形象，根據密宗兩部曼荼羅，其胎藏界以釋尊爲主，金剛界則與不空成就如來并立。《大日經疏》説："釋迦牟尼，全身呈金色，具光三十二相，披乾陀色袈裟，坐於白蓮上，作説法狀。"《金剛一乘修行儀軌》説："若欲報世間之恩德，可畫釋迦牟尼像於曼荼羅中央，全身金色，具四十八相，身披袈裟，智手作吉祥印，理手向上置於臍前，結跏趺坐坐於白蓮臺上。"

10 釋迦牟尼佛之一

四、釋迦牟尼佛會

　　釋迦佛一生講經四十九年，說法三百餘會，講經場面有大有小，後人多根據經典記載而繪製佛說法的畫面。此釋迦牟尼佛會是根據《法界源流圖》的局部所繪。

　　此圖表現的是在四株結滿金果的菩提樹下，釋迦牟尼佛端坐在雕獅須彌座上說法。上有華蓋瓔珞、飛天，弟子迦葉、阿難、普賢菩薩、文殊菩薩以及觀音、童子、羅漢、天王、金剛等衆五十餘人護持左右。還有白馬、白象、明珠、玉女、藏臣、兵臣、法輪七寶，龍、鳳、異獸和供養人（似人間王者及侍女）等。

　　場面宏大，莊嚴肅靜，佛光普照，光彩奪目，真乃佛的繽紛世界。在這片净土裏各神祇都有適當的位置，毫無紊亂。騎青獅的文殊菩薩和騎白象的普賢菩薩在畫面中占有顯著的位置，爲重點描繪的對象，這兩位菩薩上方也有華蓋瓔珞，并自然地飄動着。構圖錯落有致，疏密得當，人物形象生動逼真，神態各異。對幾個兒童的不同描繪，使畫面充滿生機和情趣。

　　此圖是清代宮廷畫家丁觀鵬根據雲南大理張勝溫的《梵像圖》摹繪，後稱《法界流源圖》。

五、西方三聖

亦稱彌陀三尊，阿彌陀佛的菩薩眷屬，最普遍常見的即觀音與大勢至兩位大士。他們常隨阿彌陀佛，在極樂世界教化衆生；也在娑婆世界中，大悲救度一切衆生，并且輔翼彌陀，讓衆生能清净發願往生極樂净土；在臨命終時，他們亦會前來接引净土行人。而且根據《佛說觀無量壽佛經》所云：“阿彌陀佛神通如意，於十方國變現自在，或現大身滿虛空中，或現小身丈六八尺。”所以便有彌陀觀音同體的說法。

阿彌陀佛及其脅侍觀音及大勢至，一般稱之爲西方三聖。如在《佛說觀無量壽佛經》中所說：“無量壽佛住立空中，觀世音，大勢至是二大士，侍立左右，光明熾盛，不可具見，百千閻浮檀金色，不得爲比。”

關於這兩位脅侍菩薩的方位，一般以觀音菩薩在阿彌陀佛的左方，大勢至菩薩則在阿彌陀佛的右方。但在梵文《法華經普門品》的頌文中，則說觀音在阿彌陀佛的右方或左方。而《十一面觀自在菩薩心密言念誦儀軌》卷中及《阿利多羅陀羅尼阿嚕力經》則說右方是觀音菩薩，左方是大勢至菩薩。《佛說觀無量壽佛經》及《不空羂索神變真言經》，則說阿彌陀佛的左邊有一大蓮花，觀音菩薩坐於其上，阿彌陀佛右邊的蓮花坐大勢至菩薩。這是因爲觀音爲大悲的代表，即下化衆生之意，所以置於左方；而大勢至菩薩代表大智，意爲上求菩提，所以安於右方。

關於二脅侍的形象，觀音菩薩的寶冠中有化佛，大勢至菩薩的寶冠中有寶瓶。自古以來，一般是作觀音菩薩兩手持蓮臺，而大勢至菩薩雙手合掌。

23. 西方三聖之三　大勢至菩薩

六、阿彌陀佛

阿彌陀佛:梵文"Amitāyusami tābha—tathagata",又稱無量壽佛(報身),無量光佛(應身),全稱西方極樂世界大慈大悲阿彌陀佛,俗稱彌陀佛、彌陀。在中國因阿彌陀佛、極樂世界與本土長生不老信仰結合,故净土宗廣泛弘揚,從而有"家家觀世音,人人阿彌陀"之説。阿彌陀佛亦是古佛,佛經説他從成佛到現在已經十劫了,在他建立的西方極樂世界,人們的壽命都是無量無邊,不可計算,所以稱爲世人理想的王國,最高境。在中國,無論信佛與否,皆習慣在家中有人去世時到寺裏舉辦超度往生西方净土的法會。并爲亡人枕蓮花枕,脚下亦踏蓮花,這種習俗即是佛教與中國民俗融合的產物。

阿彌陀佛形象有三種:一是雙趺坐説法相,與釋迦牟尼佛相同。二是雙趺坐定相,此相最爲常見,"三世佛"中即爲此相,雙手結彌陀定印或法界定印。法界定印亦稱大日定印,是密教胎藏界曼荼羅大日如來所結之印機,即兩掌均上仰,加叠於腹前,右手在左手之上,兩拇指頭相抵,其中右手五指表示佛界之五大,左手五指表示衆生界之五大,雙手相叠表示生佛不二之義,雙拇指均代表空,故二空相挂,表示空大融通無礙,以其相寂静不動,故稱爲法界定印。三是來迎相,是阿彌陀佛之立相,形象是左手屈肘當胸,掌心向上,平托一小型蓮臺,象徵接引往生之人住於蓮臺,右手下垂,平掌向前,伸直并攏五指結"與願印",又稱"接引印",意在滿足往生之人的一切願望。極樂世界有各種各樣的蓮臺,共分九品。

上品上生:多做十善,持戒,發大菩提心,并敬誦大乘經典的行者,臨終時有七寶宫殿與金剛臺來迎,隨西方三聖阿彌陀佛、觀世音菩薩、大勢至菩薩往生極樂,生彼立即衆相具足,悟無生法忍。上品中生:行者臨終時有三聖及紫金臺來迎,至彼生七寶池中,經宿即開花,行者身變爲紫磨金色,經七日得不退轉。上品下生:臨終時金蓮花來迎,生七寶池中,一日一夜花開,七日得見佛,三小劫得百法明門。

中品上生:臨終時生於蓮花臺,長跪合掌,爲佛作禮,往生後蓮花即開,得阿羅漢道。中品中生:臨終生於七寶蓮花中,七日開花,經半劫,成阿羅漢。中品下生:往生後,七日遇觀音勢至,過一小劫成阿羅漢。

下品上生:生時作惡業不知懺悔,臨終時遇善知識,有寶蓮花來迎,得生七寶池中,七七四十九日開花,十小劫得百法明門,得入初地。下品中生:生時作惡業,不守戒律,臨終遇善知識,得生蓮花中,經六劫,蓮花乃開,發無上心。下品下生:多作惡業,臨終時遇善知識,因念"南無阿彌陀佛"得見金蓮花,隨蓮花往生,經十二大劫蓮花放開。

其下品三類,被稱作"帶業往生",即惡業尚未除盡,即因心向阿彌陀佛而往生極樂,只是要比較長的時間,才能花開見佛。

七、東方藥師三聖

藥師佛與日光、月光菩薩合稱藥師三聖。又稱東方藥師三尊。中尊藥師琉璃光如來，左脅侍爲日光菩薩，右脅侍爲月光菩薩。

在過去世界有電光如來出世，說三乘法度衆生。當時有一梵士見世界濁亂而發菩提心，要教化世界諸苦衆生。因爲他特別發願利益重病衆生，所以電光如來改其名號爲醫王。他的兩個孩子也發起大願，能照破一切衆生生死黑暗，所以長子名爲日照，次子名爲月照。而那時的醫王，即爲東方藥師如來，二子即爲二大菩薩——日光遍照菩薩、月光遍照菩薩。

日光菩薩，又稱作日曜菩薩、日光遍照菩薩。其身呈赤紅色，左掌安日輪，右手執蔓朱赤花。

月光菩薩，又稱月淨菩薩、月光遍照菩薩。其身呈白色，乘於鵝座，手持月輪。以日光、月光代表了一切清凈的光明，一切法性的光明，一切救度的光明，顯示了藥師佛要使衆生達到成佛境界所現起的方便。這些是來自諸佛的四宏誓願，是一切諸佛的悲心。諸佛的悲心，願現在此特殊因緣，相應於衆生病苦的因緣，特別顯示藥師佛來救度，使衆生在痛苦的境地中，直接翻轉，成證如來。

37. 藥師三聖之三 月光菩薩

八、藥師佛

此佛梵名爲鞞殺社窶嚕，譯作藥師琉璃光如來，或大醫王佛。他在須彌山的東方建立了一個世界，其净土的名稱叫琉璃光土或稱東方净琉璃世界。

在隋朝的時候，達摩笈多所翻譯的《藥師如來本願功德經》中有一節説："佛告曼殊室利，去此東方，過十殑伽沙佛土，有世界名净琉璃，佛號藥師琉璃光如來，原行菩薩道時，發十二大願，令諸有情，皆得所求。"此十二大願爲：（1）自他身光明熾盛之願。（2）威德巍巍開曉衆生之願。（3）使衆生飽滿所欲而無乏少之願。（4）使一切衆生安立大乘之願。（5）使一切衆生行梵行，具三聚戒之願。（6）使一切不具者諸根完具之願。（7）除一切衆生衆病，令身心安樂，證得無上菩提之願。（8）轉女成男之願。（9）使諸有情解脱天魔外道纏縛，邪思惡見稠林，引攝正見之願。（10）使衆生解脱惡王劫賊等橫難之願。（11）使饑渴衆生得上食之願。（12）使貧乏無衣服者，得妙衣之願。

藥師如來，別名爲大醫王佛，供奉此佛的目的，在於醫治百病，謀現世的福利。我國古今上下，貴自帝王，下至一般民衆，都十分信仰，如一朝得病卧床，束手無策的時候，則多求願於藥師如來，故世間供奉藥師如來的藥師堂很多。

藥師如來普遍以日光菩薩、月光菩薩爲其脅侍，此二菩薩在藥師之净土中無量衆中之上首，是一生補處的菩薩。其次亦有以觀音、大勢至爲其脅侍的。還有以文殊師利、觀音、勢至、寶壇華、無盡意、藥王、藥上、彌勒等八菩薩爲侍者的。

藥師佛之眷屬神，俗稱爲藥師十二神將，又稱十二藥叉神。凡是以供養藥師如來本尊的廟宇中，必須安置此十二神將。此將藥師十二神將，列名如下：毗羯羅大將、招杜羅大將、真達羅大將、摩虎羅大將、婆夷羅大將、因達羅大將、珊底羅大將、頞儞羅大將、安底羅大將、迷企羅大將、伐折羅大將、宫毗羅大將。

藥師如來的形象，有結跏趺坐，安坐於蓮臺上。在《阿娑縛抄》内記載如下："右手施願，左手作施無畏印，左掌持寶珠，右手掌輕輕舉起，左手屈小指，安放於臍下，左手持藥壺結定印，有應身説法者，即手持衣鉢，錫杖者，種類繁多。"以上略舉其中的七種，此佛的形象還有很多，比如在敦煌壁畫中就有站立的，但都是依其誓願而不同，分別設立形象的。

九、藥師琉璃光如來佛會

藥師佛，全名爲藥師琉璃光王如來，通稱爲藥師琉璃光如來，簡稱藥師佛。依《藥師如來本願功德經》所說："東方過娑婆世界十恒河沙佛土之外，有佛土名爲净琉璃，其佛號爲藥師琉璃光如來。"

藥師琉璃光如來的名號來源，是藥師如來的本願，而琉璃光是他本願所展現的特殊造型，因爲他要拔除一切衆生的生死、苦惱、重病，所以名爲藥師。因爲藥師有如此清净的本願，所以他在身相上所顯現出來的身，是完全透明無礙的琉璃光。藥師如來不僅醫治我們身體上的疾病，也醫治我們的智慧，悲心俱不圓滿的心靈。因爲衆生一開始，無法感受他深刻的願力，所以他先醫治好衆生的疾病，再醫治衆生的心。

藥師如來在過去行菩薩道時，曾發十二大願度衆生。關於藥師如來的形象，在《藥師琉璃光王七佛本願功德念誦儀軌·供養法》中說："安中心一藥師如來像，如來左手令持藥器，亦名無價珠，右手令作結三界印，着袈裟，結跏趺坐於蓮花臺，臺下十二神將，八萬四千眷屬上首令安，又令安坐蓮臺，如來威光中令住日光、月光二菩薩。"

此圖是根據清宮畫家丁觀鵬《法界源流圖》藥師琉璃光佛會所繪。此畫有四十餘位的群體像，聚會於菩提樹下，藥師佛端坐於正中須彌座上，右手作安慰印，左手放置腹前；足踏蓮花、背有祥雲、頂放光明，有塔式華蓋瓔珞。佛兩側倚坐蓮座者，左爲日曜（日光遍照）菩薩，右爲月净（月光遍照）菩薩，頂部均有華蓋瓔珞。佛前供案兩旁有二跪着的菩薩及二藥童子。迦葉、阿難及藥師八大菩薩、十二神將等衆分列兩側。場面浩浩蕩蕩，人物衆多，色彩絢麗，是一幅極爲珍貴的畫像。

十、大日如來

大日如來係密宗供奉的本尊，占金、胎兩部曼荼羅的主座。大日是遍照宇宙一切萬物的大日輪，凡是在世間的一切事物，不單是人間，甚至於極微小的禽蟲草木，均蒙受到大日的恩惠。誰能够不享受大日輪之光明，而能安住於大法界的呢？所以説大日如來是哺育一切世間萬物之慈母，亦即爲兩部曼荼羅主尊的理由。

大日如來是梵語摩訶毗盧遮那的意思，也有譯作爲大光明遍照、大日遍照、遍一切處的。雖然其譯法各不相同，而其意思則是一樣的。即摩訶是大，毗盧遮那是光明遍照的意思，此即顯揚遍照宇宙一切萬物，而無絲毫障礙的法體。

大日如來對内照彼真如法界，對外照彼一切衆生而無障礙，具有衆德圓滿，常住不變，身土融通，集一切衆生及諸佛如來之心性，更於衆生心中，能存本來法爾，遍照一切處，因此稱爲光明遍照。

《大日經疏》説：“梵音毗盧遮那，是日之别名，他能使黑暗變爲光明之意也。”然日之光，只能在白天照在物體的外面，大日如來智慧之光，無論何時，都可以遍照一切事物的外面及裏面，更無晝夜之分。大日的光明照至閻浮提時，一切的草木叢林，都依其性質分別生長，世間的一切，亦得成就。如來之光，是平等的照遍法界，能啓發無數衆生之種子善心，依此因緣，世間與出世間的一切，亦得成就，普通的太陽是不能與之相比的，遂在日上加了一個“大”字，而稱之爲大日如來。

大日如來爲密宗根本教典《大日經》和《金剛頂經》的教主，且爲金、胎兩部曼荼羅的主尊，故非常被重視。他的形象表示方法，在大自在天宫説法的時候，於《大日經疏》的記載如下：“此宫是成就古佛的菩薩處，那所謂摩醯首羅天宫，佛身爲閻浮檀金紫磨金色，如菩薩像，頭戴髮髻恰如冠形，通身放出種子色光，身披絹，此即在首陀會天成最正覺的標幟。”彼界諸聖天衆，衣服輕紗，本質嚴静，不假以處飾。

但世間普通的形象，并非全依經軌的記載相同，頗有差異。其在兩部曼荼羅内爲主的主尊之形象，可作爲代表之形象。如在金剛曼荼羅内，表示大日的意思，稱之爲大日智法身，即印相爲智拳印。在胎藏界曼荼羅内，表示理大日的意思，稱之爲大日理法身，其印相爲法界定印。

又有説：“大日如來，在於八葉蓮華臺上，通身金色，如菩薩形，結跏趺坐於寶蓮華上，頭戴五佛寶冠，着白繒，頂背是五彩交雜的圓光，頭光形如雲，光爲重光如彩地數重。紺髮拂肩，耳戴金鐺，頂頸上着重杳，衆寶瓔珞，及青珠鬘、華鬘等，垂至膝上，兩臂戴瓔珞，兩腕戴金環。或臂着釧，兩掌相叉，右手在上，左手在下，大拇指相挂，仰掌，在臍下作入定相，白色輕紗上衣，各種錦綉的下裙，青錦縵拷，綠繒爲帶。”由此可知佛身的莊嚴。

現在的大日如來像，不論是繪畫或雕刻，均爲坐像，没有立像或倚像。其雕刻的材料幾乎限用木材，這是依此的性質而規定的。

十一、毗盧遮那佛

毗盧遮那，亦稱毗盧舍那佛，譯光明遍照、光明普照或大日，源於古印度人對日神的崇拜。大乘將毗盧遮那佛比作太陽，因此佛之身光和智光，毫無障礙地遍照宇宙法界，而圓明無缺之意。據《梵網經》說:蓮花藏世界獲得正覺的盧舍那佛，在千葉蓮瓣上正化現百億釋迦，每一釋迦又於每一國土上說其正法。把所有的蓮瓣合起來即爲百億世界。毗盧遮那端坐蓮臺中央，表現其所轄範圍有着無邊無際的空間。據我國長安五重寺的道安大師及天台宗的荆溪大師講，毗盧遮那是法身佛，盧舍那是報身佛，而釋迦牟尼是應身佛。盧舍那佛於釋迦牟尼佛是同體不二的覺體。因釋迦牟尼佛只限於閻浮提娑婆世界一州的教主，而盧舍那佛則是三千大千世界的教主，總統宇宙全體。

在密宗的毗盧遮那爲最高尊神，是《大日經》和《金剛頂經》的主尊。密宗又稱摩訶毗盧遮那如來，摩訶是大的意思，所以又稱大毗盧遮那或大日如來，大光明遍照等。與其他如來（包括毗盧遮那如來）所不同的是大日如來現菩薩形，頭係高髻，戴寶冠，身上飾物華麗。或表示大日如來乃統轄如來、菩薩、明王、諸天尊神的王者身份。密教謂宇宙萬物皆大日如來所顯現，表示其智德的稱爲"金剛界"，表現其理性的稱"胎藏界"。兩界大日如來兩手在胸前，用右拳握左拳的第二指是爲智拳印，以釋明智、果的行爲世界；胎藏界大日如來，一般把左拳仰放在結跏趺坐的膝上，再將右拳印叠在左拳之上。一如禪定印，是爲法界定印，以象征理智的徹悟境界。

大日如來的造像有單尊和五位一體（一稱五智如來）兩種形式。金剛界五體如來爲：大日、阿閦、寶生、阿彌陀、不空成就。胎藏界爲：大日、寶幢、開敷華王、無量壽、天鼓雷音。這些如來除阿彌陀和阿閦兩如來外，其他如來不見獨立經典。金、胎兩界的大日如來俱在中央，另外如來各在本界的東南西北四方位。

毗盧遮那的世界，是統一一切的世界，雖然有各種各樣的曼荼羅，但均是由大日體係延續擴大出來的，大日如來始終是統轄宇宙的中心。在曼荼羅上，釋迦佛、阿彌陀佛等其他諸佛，以及各大菩薩、明王、護法神天，均有着各自的位置。而他們所代表或象徵的各種要素在與曼荼羅中所處的位置相對照，都非常切合。就金、胎兩界主尊均是大日如來又表明了理智不二，金胎爲一，兩者攝取宇宙萬有爲一體的本質。有的認爲，胎藏界主女性（慈悲），金剛界主男性（智慧）。

44·南無清淨法身毗盧遮那如來

十二、盧舍那佛

盧舍那佛在中國常被視爲報身佛。在中國寺院的課誦本中，有"清净法身毗盧遮那佛，圓滿報身盧舍那佛，千百億化身釋迦牟尼佛"的課誦文，深植於佛教徒的心中。其實就梵文原意來説，毗盧遮那與盧舍那都是梵文"Vairdana"的譯名，也全是光明遍照之義，只是因爲在晋譯的六十卷《華嚴經》中，將"Vairocana"譯爲盧舍那佛，而在唐譯的八十卷《華嚴經》中則爲毗盧遮那佛，其實都是同一尊佛陀。

智者大師在《法華文句》卷九（下）中説："毗盧遮那佛爲法身如來，盧舍那佛爲報身如來，釋迦牟尼佛是應身如來。"這是依據《觀普賢菩薩行法經》中叙述毗盧遮那爲身遍一切處因此以之爲法身如來，《梵網經》中叙述盧舍那佛爲千葉蓮臺之主，因此以其爲報身如來。

我們若以盧舍那佛是報身如來的觀點來看，所謂報身如來或報身佛，在佛陀的法、報、化三身中，是代表修集無量的福慧資糧，而生起無邊功德的佛身。而這也是由因位中發起無上菩提的本源，并圓滿一切菩提妙行所修證成就，以受用佛果境界的佛身。所以又稱受用身，或是受法樂身。

《梵網經》記載，盧舍那佛已修行經過百阿僧祇劫，成佛以來安住在蓮花臺藏世界。這蓮花臺周遍有一千蓮葉，每一葉都是一個世界，因此共有一千世界。

而在每一葉的世界中，又有百億座的須彌山，百億的日月，百億的四天下，百億的南閻浮提，百億的釋迦牟尼佛現身説法。因此共有千百億數的釋迦牟尼佛正在説法，接引微塵數般的眾生。這無量無數化身的釋迦牟尼佛，都是由盧舍那佛所化現的。

十三、寶生如來

寶生係梵名，音譯爲囉怛羅三婆縛，爲密教金剛界五佛之一。位於金剛界曼荼羅成身會等之五解脱輪中，正南方的月輪中央。此尊以摩尼寶福德聚功德，能滿一切衆生所願，更能於行者昇至法王位時予以灌頂。爲五部中之寶部所攝，主五智中之平等性智。

此尊密號爲平等金剛，三昧耶形爲寶珠。其形象於金剛界諸會中互有差異，如於成身會中，全身呈金色，左手握拳置於臍下，右手向外展開，而無名指、小指稍屈，其餘三指舒展，結施願印，結跏趺坐於蓮花座上。另依《大樂金剛薩埵修行成就儀軌》載："其身黃色，左手握拳，持衣角置於胸前，右手作施願印。"

又據《金光明經》卷一、《觀佛三昧海經》卷九、《陀羅尼集經》卷十等所説，此尊於四方四佛中，相當於南方寶相佛，亦相當於《金光明最勝王經》卷八所説之南方寶幢佛。

此外，《守護經》中記載，寶生佛的印契是滿願印，即左手持衣角當心，右手仰掌。修法時，觀想自身都融成金色，此身即成爲寶生如來。并從頂上放出金色光明，現出無量金色菩薩，各個手中雨下如意寶，光照南方如恒河沙般的世界。衆生如遇到此佛光，則所有的願求都能得到滿足。這種觀想法，也象征寶生佛"滿足衆生所求"的本願。

十四、三世佛

三世佛分爲兩種：一爲豎三世，二爲橫三世。豎三世，是指過去、現在、未來這三個時間概念。豎三世佛，即是過去佛、現在佛、未來佛。我們知道，時間的過去、現在、未來都是時刻在變化的，沒有一個固定不變的常數，那么佛教如何來區分豎三世呢？人們還是找到了一種方便，即以佛教的創始人，本師釋迦牟尼佛來劃分這三個時間概念，先於釋迦牟尼佛，從久遠劫前便已成佛的，便稱爲過去佛，釋迦牟尼開啓了佛教的紀元，故稱現在佛，在今後久遠時間以後成佛的，即未來佛。亦有直接指燃燈佛爲過去佛，釋迦牟尼爲現在佛，彌勒佛爲未來佛。

橫三世，是空間概念，即指時間相同而空間不相同。橫三世三尊佛，即指東方琉璃世界藥師琉璃光如來，中方娑婆世界釋迦牟尼佛，西方極樂世界阿彌陀佛。此處是指橫三世佛，圖像是根據佛教水陸畫所繪，有關橫三世佛的具體解釋，請看釋迦佛、藥師佛和阿彌陀佛的專門解釋。

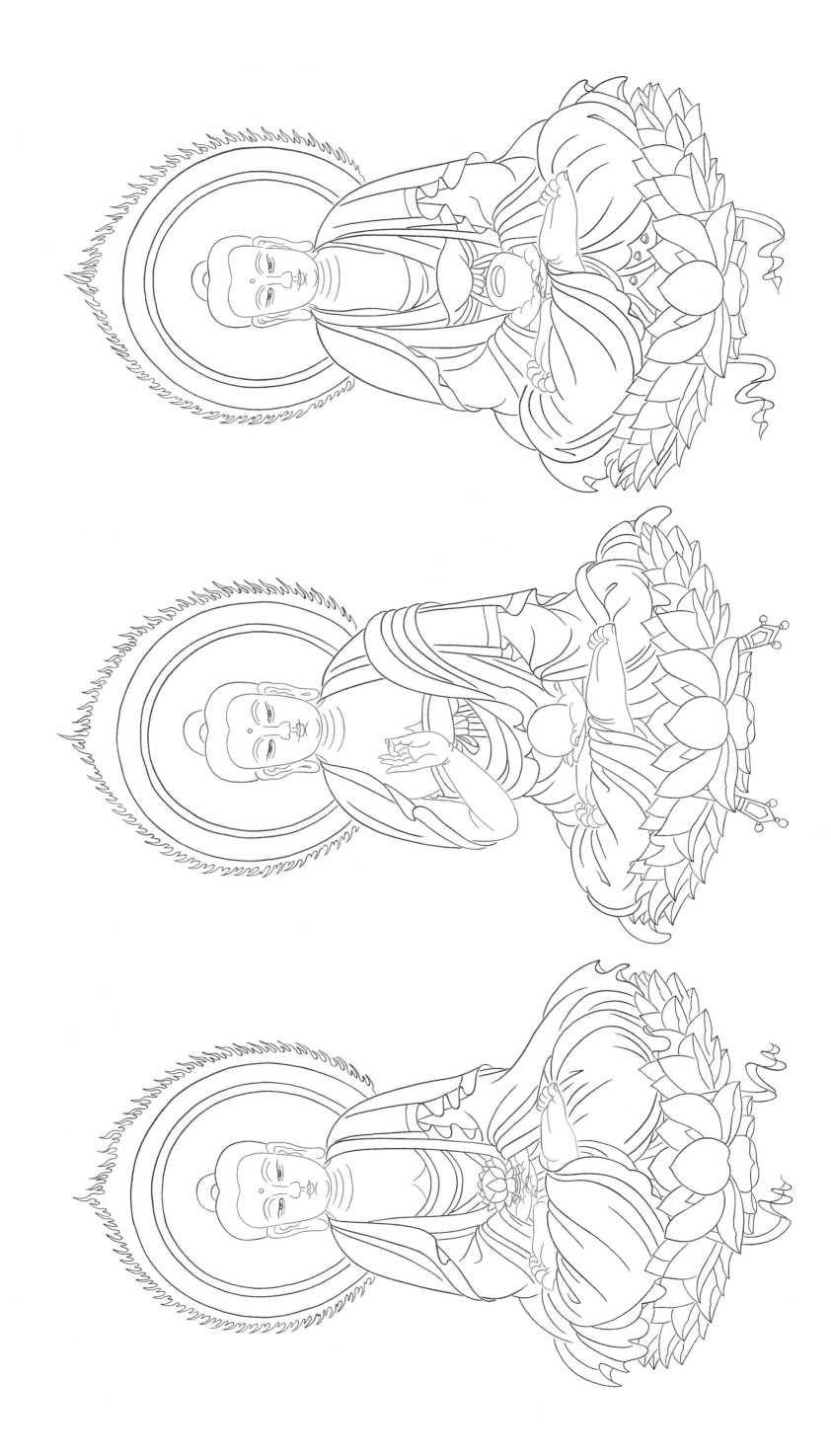

十五、彌勒佛

彌勒，意爲"慈氏"，是慈悲爲懷的意思。佛經中慈悲就是除去痛苦給予歡樂。彌勒是姓，名阿逸多，意爲無能勝。彌勒生於古印度南天竺一個大婆羅門家族，大婆羅門在印度是高貴的種族。據《彌勒下生經》講述，當時的轉勝王穰佉將七寶幢奉獻給彌勒，彌勒把它施舍給婆羅門，但七寶幢却被婆羅門的衆將折斷。彌勒看到這么一座精美絕倫的七寶妙幢樓閣在頃刻間化爲烏有，深有感觸，感嘆世間事事無常。於是彌勒放弃了自己優越的貴族生活，剃度出家皈依了佛門，并修成菩提正果。彌勒與釋迦牟尼是同時代的人，釋迦牟尼佛因爲弟子舍利弗發問，預言彌勒菩薩將來會繼承自己的衣鉢示現世間教化衆生，同時還預言了彌勒將會先於佛陀離開這個世間，全身釋放紫色金光，上昇到彌勒净土——兜率天。在那裏，彌勒與諸天神演説佛法，直到釋迦牟尼佛滅度后五十七億六千萬年時，才從兜率天宮來到人間。

兜率天是佛教欲界中的天界，意爲"妙足"。兜率天分爲内外兩院，外院是諸神的公園，内院是彌勒居住的地方稱爲"彌勒净土"。兜率天雖然在欲界，但由於彌勒願力的加持變得莊嚴神聖，四周散發着怡人的香氣，潔净的地上會涌出甘甜的清泉，如意果樹香氣四溢，所用衣物也生於樹上，隨意取用，地上會長出没有稻殼的稻米，金銀珠寶更是鋪滿各處。

一般彌勒佛都供在天王殿中，殿内兩旁是四尊威武高大的四大天王。他們肩負着風調雨順的職責，成爲人們五穀豐登、天下太平的守護者。南方增長天王，能讓衆生增長善根，他手持寶劍，護持佛法。東方持國天王，他慈悲爲懷，保護衆生，護持國土；他又是主樂神，手持琵琶，用音樂使衆生皈依佛教；琵琶作爲法器又是降魔的威力武器。北方多聞天王，護持佛陀説法道場，常聞佛法，故名多聞；他手持混方珍珠寶傘，用以降魔。西方廣目天王，他能睁開天眼洞察世界，護持衆生安寧；他手執紫金龍或花狐貂。

唐末五代時期，浙江奉化有一個胖和尚，人們都叫他契此。他的形象十分特異，身材矮胖而且袒胸露腹，手裏經常提個大袋子，每次化緣都把得到的食物隨手扔進袋子裏，所以人們都叫他"布袋和尚"。他總是笑呵呵的，説話也語無倫次，但仔細想想，他説的却十分有道理。他經常幫人預測未來吉凶，人們都稱他爲奇人。一天，他盤腿端坐在奉化岳林寺前的磐石上，口中念着偈語："彌勒真彌勒，分身百千億；時時示時人，時人自不識。"説完這個偈語后便安然圓寂。人們聯想到他平日的言談舉止，認定他就是彌勒佛化身來到世間度化衆生，於是就按照他的外貌形態塑造了現在的彌勒佛像。明太祖朱元璋曾下令讓全國寺院造大肚彌勒佛放置在天王殿中。慈眉善目、笑口常開的大肚彌勒一直被中國的信衆供奉至今，并影響到東南亞一帶。

十六、十方佛

這裏的十方佛是按《華嚴經》法界安立圖所説："東、南、西、北、東北、東南、西北、西南，加上下共分十方。"亦代表千佛，無量諸佛之意。

"佛"意爲覺悟者，泛指一切覺悟得道者。大乘教義認爲衆生都有證悟佛教真理的可能，因此人人都能成佛。大乘佛教還認爲：時間是無始終的，空間是無邊際的，時間和空間都沒有窮盡。

從無始終的時間來看，在不斷反復循環的過去、現在和未來中，曾經出現過，并且將來還會出現許許多多的佛。再從無邊無際的空間看，茫茫宇宙間，有無數個和我們一樣的"世界"，每一個世界都有一位佛在教化那兒的衆生。上下四維，過去未來，十方三世有無數位佛。佛教經典記述：在法界成、住、壞、空循環成滅的過程中，現在的時間大劫稱爲賢劫。在賢劫中，即將出現於世的有千位佛陀。

小乘經典，通常只説過去有四佛或七佛出現。大乘則説，現在的賢劫有千佛，過去的莊嚴劫，未來的星宿劫，都各有千佛出世。

其中，在過去七佛之中，前三佛相當於莊嚴劫千佛的最後三佛。拘留孫、拘那含牟尼、迦葉、釋迦牟尼等四佛，已在賢劫的世間出現。而賢劫第五佛彌勒佛，以及下至樓至佛等九百九十六佛，則在未來世將會出現。

自古以來，佛教界對賢劫千佛的信仰，都很盛行，印度阿彌陀佛第十號洞窟、新疆地區的龜茲千佛洞、于闐千佛洞、卡達裏克廢寺的壁畫，都是描繪賢劫千佛的作品。

中國南北朝時期已有造千佛的事例，如《法苑珠林》卷一百即載有北魏道武帝造千尊金像之事。現在河南鞏縣石窟，即存有北魏以來所塑造的千佛像，敦煌千佛洞也藏有許多千佛壁畫。

59. 上方梵音如來

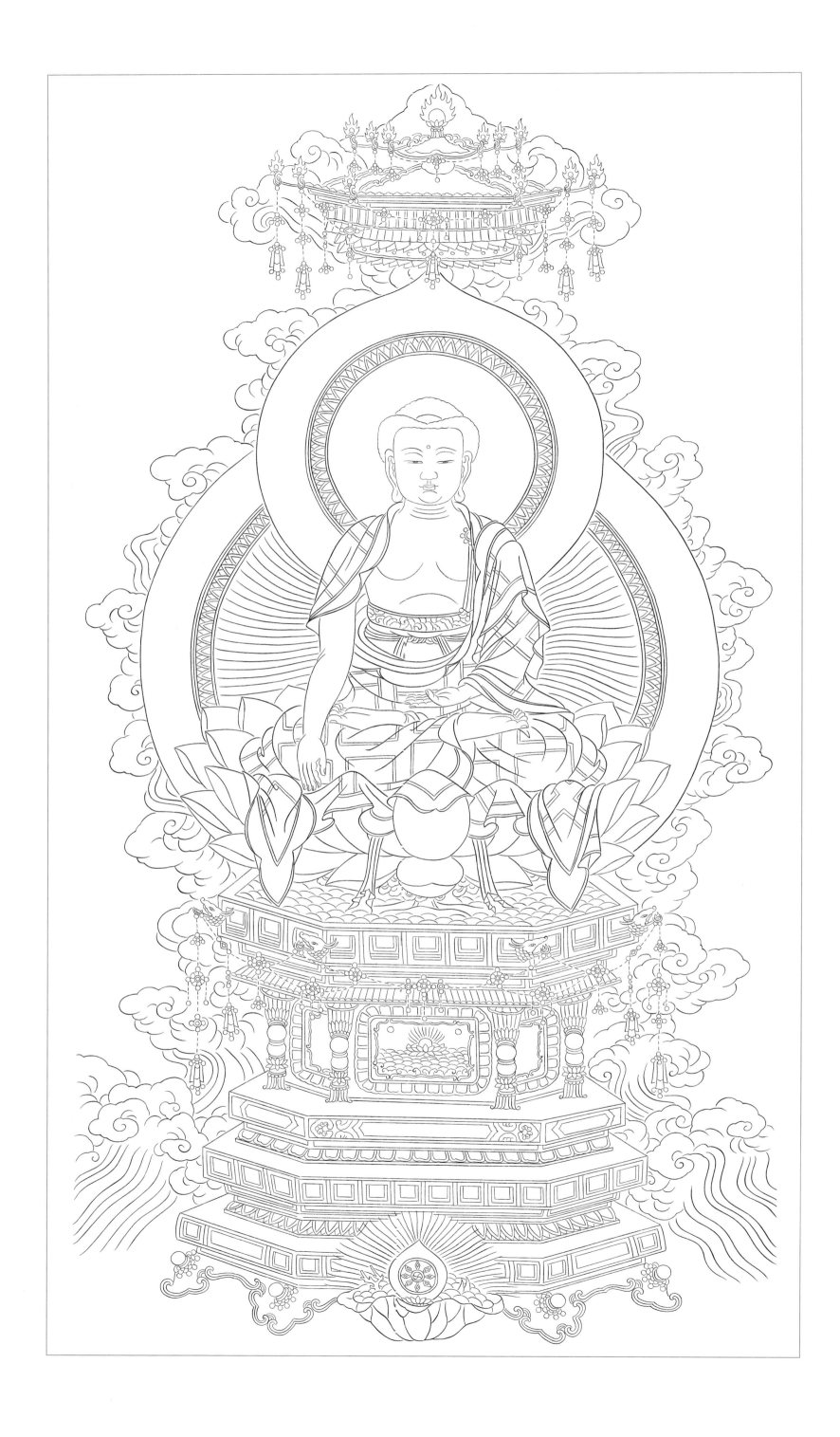

64. 東南方最勝廣大雲雷音王如來

71·五方佛之四

75.法相莊嚴圖

十七、文殊菩薩

文殊師利菩薩：梵名"Manjusri"音譯爲文殊師利、曼殊室利等，簡稱"文殊"，又名文殊師利法王子或文殊師利童真、文殊師利童子菩薩、儒童菩薩。在密教中則有般若金剛、吉祥金剛、辯法金剛等密號。與普賢菩薩同爲釋迦牟尼佛之左右脅侍，世稱"華嚴三聖"。在其他經典中，又有妙德、妙首、妙吉祥等名號。

在《放鉢經》中，佛陀曾在法會中對大衆説："今我得佛，有三十二相八十種好，威神尊貴，度脱十方一切衆生，皆文殊師利之恩。本是我師，前過去無數諸佛皆是文殊師利弟子，當來者亦是其威神恩力所致。譬如世間小兒有父母，文殊爲佛道中父母。"

所以在《大乘本生心地觀經》卷八説："文殊菩薩是'三世覺母妙吉祥'。"由於文殊菩薩能與諸法實相通達無礙，而且具足各種説法善巧、教學方便，能使人直接趣入智慧大海，所以號稱"大智文殊師利菩薩"，成爲最具代表性的智慧本尊。

《法華經·序品》中説："往昔日月燈明佛未出家時，有八子聞父出家成道皆隨之出家。當時有一菩薩名溪妙光，佛因之説《法華經》。佛入滅後，八子皆以妙光爲師，妙光教化之，使次第成佛，其最後之佛名燃燈，其妙光即文殊也。"若是，則文殊居八代之首。燃燈爲釋迦之師，故文殊乃釋迦如來九代之祖也。

《文殊師利般涅槃經》中説："此文殊師利有大慈悲，生於此國多羅聚落梵婆羅門家。其生之時，家內宅化如蓮花。從母右肋出，身呈金色，墮地能語如天童子，有七寶蓋隨覆其上。詣諸仙人求出家法，諸婆羅門、九十五種諸論議師無能酬對，唯於我所出家學道，住首楞嚴三昧。以三昧力故，於十方面，或現初生、出家、滅度入般涅槃，現分舍利饒益衆生。"

文殊菩薩形象一般爲伏劍騎獅子之像，代表着文殊菩薩法門的鋭利，以右手執金剛寶劍斷一切衆生的煩惱，以無畏的獅子吼震醒沉迷的衆生。此爲顯、密共同文殊菩薩的基本形象。

1. 僧形文殊：在禪宗中有一個著名的"文殊過夏"公案，文殊菩薩即時現僧形。依《文殊師利現寶藏經》卷下中所説，文殊師利在結夏安居時，不在佛邊，不在僧衆中，亦不見在請會、説戒中，而於舍衛城王宮婇女中，及諸淫女、小兒之中安居三月，爲此，大迦葉遂欲逐出文殊師利。《圜悟録》十七云："世尊於一處安居，至自恣日，文殊在會。迦葉問文殊，'何處安居？'文殊云，'今夏三處安居'。迦葉於是集衆白槌，欲擯文殊。即見無量世界，一一世界中有一一佛一一文殊一一迦葉，白槌欲擯文殊。世尊謂迦葉：'汝今欲擯哪個文殊？'迦葉茫然。"此雖顯示大乘菩薩僧之文殊，於一切處能善巧修行，非聲聞僧之迦葉者所能了知，但亦顯現大慈悲文殊菩薩，相應於此間的時空因緣，現出家相教化衆生。

《大智度論》卷三十四曰："釋迦法中無別菩薩僧，是故文殊、彌勒等入聲聞衆，次第而坐。"因此，我國諸多寺中或是僧堂、戒壇、甚至食堂，安置文殊之像皆現僧形。

2. 五髻文殊：在密教中文殊菩薩形象的種類，分爲一字、五字、六字、八字文殊，其中以五字文殊，即五髻文殊爲最主要。

五字文殊菩薩：梵名，音譯作"曼殊伽沙"。此即是以"阿""羅""波""者""那"五字爲真言之文殊師利菩薩。位列胎藏界文殊院月光菩薩之右方。又稱"妙音菩薩"，密號"吉祥金剛"，三昧耶形是青蓮花上有金剛杵。

形象通常是身呈金色，現童子相，頂戴五髻冠，肘上係袈裟一角，向外垂，右手仰掌，持梵篋，左手竪掌，屈大、頭、中三指，執青蓮花，上有五股杵。

胎藏界曼荼羅中又另設文殊院，以此菩薩爲中尊。密號"吉祥金剛"或"般若金剛"，三昧耶形是青蓮上三股杵或梵篋。形象是身紫金色童子形，頂冠五髻，用表王智，右手仰掌，指端向右，左手竪掌，屈頭、中、無名三指，執青蓮花，上有三股杵。梵篋即《般若經》，表智波羅密，青蓮花表不染着諸法三昧。

3. 一髻文殊：是指結一髮髻之文殊菩薩，在《大方廣菩薩經》中及《文殊師利根本一字陀羅尼經》舉出文殊菩薩真言："唵齒臨"，故又稱一字文殊。其三昧耶形爲青蓮花上載如意寶珠者。尊像作童子形，身呈金色，半跏趺坐於千葉白蓮花上，左手執青蓮花，花上有一如意寶珠。右手向外、五指垂下，結滿願印，熙怡微笑。以其髮髻爲一髻，故又稱"一髻文殊"。

據《文殊師利根本一字陀羅尼經》記載，此咒能滅除一切惡邪魍魎，爲一切諸佛吉祥之法，也是能成就一切之神咒。誦此咒能令生起大慈心、大悲心，一切障礙皆得消滅，所有諸願皆得滿足。

除此之外，如婦人難産，或諸男子爲箭所中，各種疾病痛苦，如果能在服藥前，先持誦咒加持，療效必定更好。又次一字文殊陀羅尼咒，能令衆生現世獲得安穩，諸如來大菩薩衆常爲眷屬，一切所願悉得成就。

4.八髻文殊：文殊師利菩薩在《大聖妙吉祥菩薩秘密八字陀羅尼修行曼陀羅次第儀軌法》舉出八字真言："唵阿味囉斜佉左洛"。以此八字爲真言，故稱八字文殊。《覺禪鈔》卷十六説："誦持此真言，能得智慧、多聞、長壽。"

因爲此文殊菩薩頂上有八髻，故又稱"八髻文殊菩薩"。常用於消灾或袪除惡夢。其形象放金色光明，乘獅子王座，右手持智慧劍，左手執青蓮花，於蓮花臺上安立智杵。又此尊之曼荼羅有三重建立及五重建立，稱爲"八字文殊曼荼羅"。

5.六字文殊：六字文殊乃是指以"唵縛鷄淡納莫"六字爲真言之文殊菩薩。此菩薩住於滅罪調伏之三昧，其真言有六字，故稱"六字文殊"。

依《陀羅尼集經》卷六所載，六字文殊之形象爲金色童子形，首戴天冠，跏趺坐蓮花，左手仰掌當胸，右手結説法印，觀音與普賢二大菩薩隨侍兩側。三昧耶形爲梵篋，印契爲大三股印。爲了往生極樂世界，或祈求長壽，以此菩薩爲本尊所修之法，稱爲"六字文殊法"，亦稱"文殊六字法"。

其形象總約而言，文殊菩薩代表一切如來之智慧，而無相智德不染着法，所以胎藏界的文殊，左手持有青蓮花爲表征。又因其能斷煩惱之故，所以金剛界的文殊，右手持利劍以表之。文殊菩薩乘獅子者，爲金剛界之文殊；坐白蓮者，是胎藏界文殊。擴而言之，胎藏界之文殊。其尊形以左手持青蓮花爲三昧耶形，且坐於白蓮臺；金剛界之文殊，則以金剛劍爲三昧耶形，騎乘獅子或孔雀也。

獅子座者表智慧，在《大集經文殊乘獅子入破業障三昧疏》中説："獅子者，即是勇健菩提心，從初發意以來，得精進大勢，無有怯弱。猶如獅子隨所執縛必獲無遺，即是自在度人無空過義也。"

6.童子身文殊菩薩：在佛典中，童子是指青少年，代表堅貞、光明，在經典中常稱呼菩薩爲童子，代表菩薩所顯現的質直與真誠。

在大乘法的發展當中，童真般的菩薩，占有極重要的地位。許多偉大的菩薩以童男、童女的形象出現，化導於世。大乘佛法中，緊扣着菩薩道的實踐，表現出精進不已的生命觀，以大悲大智指導勸學一切世間善巧應世。菩薩以童真來表現永遠精進的生命，以童真來弃絶一切世間的染着，以童真來表達真實誠懇的心靈。

此外，童子也代表了無限的可能——思想純真、精神飽滿、隨時修正自己。如《華嚴經》中，善財童子五十三參，就有三位童子與兩位童女，接受了善財的參訪。菩薩十地的第八不動地稱爲童真地。童真地的菩薩弃一切有爲入於無功用行，象征了童子的真心無造作，代表着修學佛法的最重要的階段。

7.藏密的文殊菩薩：文殊菩薩在西藏的造型，其坐姿多結跏趺坐，也有半跏坐於蓮花上，或直接以獅子爲坐騎，比喻智慧如獅子般勇猛。有白、黑、橘紅、獅子文殊等不同法軌傳承。在藏傳佛教中修學文殊法，其"種子字"非常重要。文殊菩薩其種子字爲真言"嗡"，表示歸命依止；"阿"表示空性無生；"喇"代表清净無染離塵垢之義；"巴"乃是第一義諦諸法平等；"札"無爲而有諸法、諸行；"那"爲無有諸法法相，言語文字皆不可得；"帝"主尊文殊的種子字，表悉地。

此外，文殊菩薩的真言還有以下的意義：

"嗡"：表三門清净心，皈依作供獻、獲三輪加持、福智功德齊備。

"阿"：表本然寂滅無生意，象征毗盧遮那佛，入根本清净、無生滅法門。

"喇"：表無相遠離破壞束縛，象征阿閦如來入於圓滿實相，爲降魔不動門。

"巴"：表無有染着，象征寶生如來，入於法界真如，爲降伏貪心平等門。

"札"：爲本净妙行義，象征觀自在如來，入於妙觀理趣，遠離嗔恚的净土門。

"那"：表示本空自性，象征不空成就佛，成就金剛菩提，斷除愚痴入於解脱門。

"帝"：乃一切諸法集積不可得之意。

誦持文殊法，可增長一切福德、智慧、堅固記憶，令行者得聰明才辯，演説一切妙法，了知諸法實義，消除愚痴、喑啞及語業各種障礙。

在藏傳佛教中，常於發心研經學法、思量、造論、辯經前先修持《五字文殊菩薩修持儀軌》以祈求文殊菩薩之加持，開顯學人的智慧，并使學人具足無礙的大辯才。

十八、普賢菩薩

普賢菩薩：梵名"samantabhadra"，音譯爲"三曼多跋陀羅"，又作"三滿多跋捺羅"等，意譯作"遍吉"，意爲具足無量行願，普示現於一切佛刹的菩薩，爲了彰顯其特德，常尊稱其爲"大行普賢菩薩"。

其名號的意義，在《大日經疏》卷一中記載，普賢菩薩，"普"是遍一切處義，"賢"是妙善義。普賢菩薩依菩提心所起願行，及身、口、意悉皆平等，遍一切處，純一妙善，具備衆德，所以名爲"普賢"。

在密教中，以普賢表示菩提心，認爲他與金剛手、金剛薩埵、一切義成就菩薩同體。在《華嚴經》中明示一切佛法歸於毗盧遮那如來及文殊、普賢二大士，三者并稱"華嚴三聖"，其中普賢菩薩代表一切菩薩行德本體。

普賢菩薩代表一切諸佛的理德與定德，與文殊并爲釋迦牟尼佛的兩大脅侍。文殊駕獅、普賢駕象，表示理智相即、行證相應。在大乘佛教的重要經典《法華經》及《華嚴經》中，都是彰顯普賢菩薩實踐菩薩行——一個菩薩力行實踐的樣態。

《觀普賢菩薩行法經》由阿難、摩訶迦葉、彌勒菩薩等二乘聲聞、菩薩請問世尊："如來滅後，云何衆生生起菩薩心，修行大乘方等經典，正念思維一實境界？云何不失無上菩提心？云何復當不斷煩惱，不離五欲，得淨諸根，滅除諸罪；父母所生清淨常眼，不斷五欲而能見諸外事？"佛陀針對這些問題，一一予以回答。并因此而宣説觀普賢菩薩而清淨懺悔之行法，使行者能清淨諸業障，無始以來所作之罪皆悉滅除。能枯竭煩惱大海，摧伏一切障礙、災難。

《觀普賢菩薩行法經》中描述："普賢菩薩身量無邊、音聲無邊、色像無邊，欲來此國，人自在神通，促身令小，閻浮提人三障重故，以智慧力化乘白象。其象六牙，七支跋地，其七支下生七蓮花。象色鮮白，白中上者，頗梨雪山不得爲比。"

十九、普賢延命菩薩

普賢菩薩有增益、延命的性德，當他住於增益延命三昧境界之時，就成爲普賢延命菩薩。依照密教經典的記載，衆生若能對此菩薩如法修持與祈求，則"終不墮三惡道，定增壽命。終無夭死短命之怖，亦無魘耗鬼魅咒詛惡形羅刹鬼神之怖。亦不爲水火兵毒之所傷害。"而且能"具大福智，勝願圓滿，官位高遷。富饒財寶皆悉稱意。若求男女，并及聰明。"這些功德，都是依據普賢延命菩薩的本誓而産生的。

普賢延命菩薩又有"大安樂不空三昧耶真實菩薩"與"金剛薩埵"等兩種異名。"前者是宣説此一菩薩具有賦予衆生以大利益、大安樂的平等本誓。后者是説他具有不朽不壞之智，能摧諸煩惱，猶如金剛。"

普賢延命菩薩的形象，有二臂像及二十臂像兩種。依據經典記載，二臂像是"如滿月童子，頭戴五佛頂冠，右手持金剛杵，左手持召集金剛鈴。坐千葉寶蓮花，花下有白象王。象王足踏金剛輪，輪下有五千群象。"而二十臂像則通身是金黃色，頭戴五智寶冠，左右各十只手，各持不同法器，坐於千葉蓮花之上。花下則有四白象，與二臂像座下有千群象不同。

經中又説，如果有衆生恐怖各種死亡、災難、病苦、夭折、橫死，若能書寫、受持、讀誦本經或是畫普賢延命像，如理修法，即可離於前述種種之難，延命增壽。

二十、地藏菩薩

地藏，是梵文"Ksitigarbha"意譯。"藏"是寶藏、儲藏、存有之意。"地藏"的意思是如同大地一樣能承載萬物，含藏着無數的財寶資源，包含着無數善根種子。《地藏王菩薩十輪經》中稱其爲"安忍不動猶如大地，静慮思密知密藏"。"安忍"是説地藏菩薩的忍辱第一，像大地一樣接納所有的污穢，一切罪業給予他，他都欣然接受，承載一切衆生的種種罪業。而"静慮"則是説地藏菩薩具有不可思議的禪定智慧。地藏菩薩不但具有高尚的德性，還能背負衆生的所有苦難，遍知一切密藏與佛法的秘密法要，所以稱其爲"地藏"。

關於地藏還有一種解釋説地藏就是伏藏的意思。潛伏於大地的一切寶藏都是地藏。伏藏象征着衆生本來具有的佛性，也就是如來藏，是一切不可思議的功德伏藏，能滿足一切衆生的願望，能够使衆生成就圓滿的佛果。"地"具有生長萬物、安穩不動、廣大無比等性質，"大地"則象征菩薩具有的深廣福德和無盡的智慧。

地藏菩薩的職責是救拔鬼魂，所以又成"幽冥教主地藏王菩薩"，也叫"地藏王菩薩"。地藏還稱爲"大願地藏"，與文殊的大智、普賢的大行、觀音的大悲合起來稱爲四大本尊菩薩。地藏菩薩教化并不只局限於地獄，在這個娑婆世界中，世間的種種天災人禍，常常被形容爲人間地獄，哪裏有苦難哪裏就有地藏菩薩的身影。地藏菩薩在整個六道中都有能力教化救度衆生。這就是佛經中所提到的六道地藏，地藏菩薩在六道中分别顯現出的不同形象：(1) 檀陀地藏，"檀陀"是一個人頭幢。其左手持人頭幢，右手結成辦印，此地藏菩薩專門救度地獄道衆生。（2）金剛寶地藏，左手持寶珠，右手結甘露印，此地藏菩薩專門救度餓鬼道衆生。（3）寶印地藏，左手持錫杖，右手結接引印，此地藏菩薩專門救度畜生道衆生。（4）金剛幢地藏，左手持金剛幢，右手施無畏印，此地藏菩薩專門救度阿修羅道衆生。（5）放光王地藏，左手持錫杖，右手結與願印，爲人除八苦之重障，此地藏菩薩專門救度人道的衆生。（6）日光地藏，左手持如意寶珠，右手結説法印，照天人之五衰，天人將死時會有五種衰敗相，分别是：天衣污穢、華冠衰萎、腋下流汗、身生穢臭、不離天座。此地藏菩薩除去他們的煩惱，專門救度天道衆生。

正如《地藏菩薩本願經》所説，文殊、普賢、觀音、彌勒，這幾位大菩薩救度六道衆生，他們的願力還有限度，而地藏菩薩度化六道衆生所發的宏願，像千百億恒河之沙，是永無止境的。

地藏菩薩的形象與文殊、普賢、觀音三位大菩薩的形象也有所不同。當示現爲出家修行的比丘時，一般是右手持錫杖，表示愛護衆生，戒修精嚴，震懾群魔；左手持如意寶珠，表示滿足衆生的願望。有時或坐或立於蓮花上，頭戴五佛帽，左手持蓮花莖，右手施無畏印。地藏菩薩的坐騎是一頭像獅子的瑞獸，這個瑞獸的名字叫"諦聽"，也稱"善聽"。這種獸神通廣大，雙目神光閃爍，耳朵極爲靈敏，它能聽到四大部洲山川動物的聲音，以及一切衆生的行動。地藏菩薩憑借他能了知世間的一切，明鑒善惡賢愚，往來於各個世界，没有任何障礙。

關於地藏菩薩的來歷，有許多説法。在《地藏菩薩本願經》裏，詳細介紹了地藏菩薩在忉利天宫接受釋迦牟尼佛的囑托。在佛陀圓寂之後，彌勒菩薩成道之前，地藏菩薩在這一時期將用孝道代替佛陀教化衆生。他發下大誓願："地獄不空，誓不成佛。"也就是要度盡衆生、丞救苦難、然後成佛。地藏菩薩在無量劫前爲婆羅門女，由於她的母親在世時不信佛法，相信邪法，謾罵侮辱修持正法的比丘，死後墮入無間地獄。婆羅門女知道母親在地獄受苦，於是變賣所有家産，獻財物於佛寺供養僧人，受到覺華定自在王如來的指引，神游地獄，遇見大鬼王無毒，請求救亡母脱離苦海地獄。在鬼王無毒指引下，使母親得到解脱。她再次來到自在王如來像前立下弘誓："願我盡未來劫，爲一切罪苦衆生，廣設方便，使其解脱。"釋迦牟尼佛告訴文殊："婆羅門女，就是地藏王菩薩。"地藏王菩薩能分身於百千萬億如恒河沙那樣多的世界裏，在每一個世界裏又化身百千萬億，每一身能度百千萬億衆生。

在《地藏經・地神護法品》中提到供養、繪畫地藏菩薩有十種利益："……是中能塑畫，乃至金銀銅鐵，作地藏形象，燒香供養，瞻禮讚嘆，是人居處即得十種利益，何等爲十？一者土地豐穰，二者家宅永安，三者先亡昇天，四者現存益壽，五者所求遂意，六者無水火災，七者虛耗闢除，八者杜絶惡夢，九者出入神護，十者多遇聖因。"

另外《囑纍人天品》中亦説供養、讀誦地藏王菩薩經像者可獲二十八種利益。可見地藏菩薩不只是度化地獄中的衆生，也能護佑衆生現世的生命。

二十一、地藏菩薩與九華山

唐朝時，新羅國有位僧人叫金喬覺，法號"地藏"，他是新羅第七代國王金理洪的兒子，從小就厭倦官廷奢華的生活，於是削髮爲僧。在唐玄宗時，乘船渡海來到中國。當他路過安徽池陽時，見九華山峰巒叠嶂、樹木茂盛、山泉瀑布不斷、鳥語花香，是個修行的好地方。於是，他停下來，在九華山結茅棚苦行修煉。這時他已經近六十歲，但身體非常健壯。後來得到樂善好施的山主閔公的護持。閔公早已聽說山中有一位叫地藏的新羅僧人非常虔誠地信奉佛法，便想邀請赴齋宴。地藏在齋宴上請求閔公施舍他一塊袈裟大的地方，作爲修行場所。閔公欣然答應，然而讓他驚奇的是地藏將袈裟一抖，竟把整個山都罩住了，在場衆人目瞪口呆，閔公更是心悦誠服，不但出讓了九華山，還捐資修建了"化城寺"。并讓兒子隨自己一同出家，護持地藏比丘。於是九華山成了地藏菩薩的道場，閔公父子也就成了地藏菩薩左右脅侍。

地藏菩薩雖是化城寺的開山祖師，但他仍然持戒苦修，深爲信衆敬仰。地藏比丘在九華山修行了幾十年，在他九十九歲的時候，一天，他召集弟子與衆人來到自己跟前，囑咐一番後，安然坐化。他的肉身被放在月官寶殿裏，金喬覺生前虔誠信仰地藏菩薩，而他的容貌也與地藏菩薩極其相似，世人便認定他就是地藏菩薩的轉世。由於他姓金，所以又稱"金地藏"。人們在地藏圓寂三年後，准備開缸安葬時，却驚奇地發現他的遺體不但完好無損，而且綿軟，容貌寂静慈祥，像他活着的時候一樣，敲擊他的骨節會發出金鎖般的響聲。寺僧將地藏肉身移葬到三層寶塔之中，此塔被稱爲"肉身寶塔"。

金喬覺以九十九高齡示寂，肉身不壞，全身入塔。又因爲他生前篤行地藏菩薩的行願，更使世人相信他就是地藏菩薩的化現，相傳農曆七月十五爲地藏菩薩的誕辰，七月十三日則是其成道日，他入滅的那天是農曆七月三十日，世人便將此日定爲地藏菩薩的涅槃日。

作爲地藏菩薩道場的九華山，位於安徽青陽縣西南，方圓一百公里，有九十九峰，最高峰海拔一千三百四十二米。九華山廟宇和佛像最多時是唐代，那時曾有"九華一千寺，撒在雲霧中"的詩句。現在九華山尚有八十二座寺廟，六千多尊佛像，居四大佛山之首。其中最有名的是坐落在神光嶺上的肉身寶殿，據說地藏菩薩的肉身至今還保存在那裏。九華山的肉身殿，聞名遐邇，是全國最大的地藏道場，每年七月全國會有不少信徒來到九華山，到塔下膜拜，還會虔誠地通宵爲地藏菩薩"守塔"。

二十二、地藏菩薩與十殿閻王

各種宗教對人死後的世界都有自己的解釋，早期道教認爲人死後魂歸於東岳大帝所管，但是後來隨着佛教傳入中國，受到佛教因果輪回轉世觀的影響，道教也出現了陰間和掌管陰間的一係列神仙，這就是"十殿閻羅"。受影響最大的當屬佛教的《地藏經》，這也就出現了《地藏與十殿閻王》畫像。

地藏菩薩前面已有介紹，這裏專門介紹十殿閻羅。

一殿秦廣王，專門掌管人間壽夭生死名册，統管陰間的吉凶。大殿居於大海沃礁石外黃泉黑路正西。凡行善積德之人，壽終之日，秦廣王會派鬼卒接引，直接投胎受生；如果功過相抵，則被送到第十殿閻羅轉輪王那裏重新投胎轉世；在陽間作惡之人，如果罪業不重，會被鬼卒押入大殿旁邊的高臺。高臺名爲孽鏡臺，有一丈高，上面有一面寬十圍的大鏡子，鏡子上面寫着七個大字——孽鏡臺前無好人。作惡之人被押到鏡子跟前，鏡中會出現其在世所行奸惡之事，以及將要受到刑罰的慘狀，鬼魂一般會生出悔恨之心，照過孽鏡之後，被押到第二殿受刑。

二殿楚江王，掌管着大地獄。這處地獄在大海之下，位於正南沃礁石下面，縱橫八千里，下面另設有斫截、寒冰等十六座小地獄。這些小地獄中都有各種刑罰，犯人要根據罪行的輕重，在其中受苦以消罪業。

三殿宋帝王，掌管着大海之下，東南方沃礁石下面的黑繩大地獄。這座地獄縱橫八千里，也有十六座小地獄，分別是鹹齒、挖眼、割心等小地獄；這裏所收的鬼魂比二殿閻羅的罪行更重，那些爲臣不忠且不爲民辦事者、見利忘義者、不守人倫之道者、忘恩負義者、經商中偷奸耍滑者，查對所犯罪行之後，將會被大力鬼卒投入大獄，然後按照罪行的輕重發往相應的小地獄受苦，受完刑罰之後再被押往第四殿加刑受獄。

四殿五官王，掌管着大海之下，正東沃礁石下的大地獄。這座地獄也是縱橫八千里，其中也設有十六座小地獄。刑罰比起三殿更加厲害，有碎石埋身、沸湯澆手、斷筋剔骨、飛灰塞口等小地獄。

五殿閻羅乃閻羅天子。閻羅天子心地仁慈，本來是第一殿閻羅，因爲可憐冤屈而死的鬼魂，屢次將他們放回陽間申冤，觸犯了天條，所以被降職調到第五殿。閻羅天子掌管大海之下，東北方沃礁石下的叫喚大地獄。此處也有十六個誅心小地獄。發放到這裏的鬼魂，或者是已經在前面各處的地獄中受過刑罰；或者是經過前面四殿查核無誤，按規定在七日之內押解到這裏。或者是那些屍體停放了五至七天并不腐爛的鬼魂，也被押解到這裏，他們在世間尚有未了的善願，諸如修築寺院、橋梁尚未完工、出資印善書還未完成甚至受恩未報，等等。他們哀求陰間判官能准其還陽，完成心願。

閻羅天子斥責這些鬼魂："你們以前作惡多端，惡行昭彰，世人或者不知，但是神鬼難欺。天理昭彰！要想行善來彌補罪行已經遲了，陰間沒有怨鬼，真正修德行的人，人間沒有幾個。押到本殿的鬼魂都照過孽鏡，皆是作惡多端之輩，無需多言！"説罷，閻羅天子吩咐牛頭馬面將這些鬼魂押赴望鄉臺。望鄉臺的形狀就像一張弓，望鄉臺高四十九丈，有六十三級刀山構成的山坡。望鄉臺的北面是劍樹之城。善良之人或者善惡相抵之人都不用登望鄉臺，而能再次進入輪回。只有那些惡鬼，望見故鄉近在咫尺，自己生前作惡事、惡毒的心思都歷歷在目。惡鬼們看清自己的罪行之後，隨即被押入叫喚大地獄裏。先查實他們所犯罪惡，再按照罪行輕重分別發往十六個誅心小地獄受苦。這些小地獄之內各埋着木樁，銅蛇爲鏈，鐵犬作墩。鬼魂被捆壓住手腳，鬼卒們拿着小刀，開膛破腹，鈎出心髒，細細割開之後，痛苦就止住了，他們的身體重新恢復原樣，又被發到其他殿裏受審。

六殿卞城王，掌管着大海下面，正北沃礁石下面的大叫喚地獄。此地獄縱橫八千里，裏面也有十六個小地獄，如屎泥浸身、割腎鼠咬、碓搗肉漿、桑火烘、腰斬、剝皮揎草等各種酷刑小地獄。

七殿泰山王，掌管着大海之下、西北沃礁石下面的熱惱大地獄。此地獄縱橫八千里，裏面有十六小地獄，如割胸、犬咬脛骨、榔頂開額、頂石蹲身、惡鳥上下啄咬、拔舌穿腮、抽腸、騾踏貓嚼、油釜滾烹等小地獄。

八殿都市王，掌管着大海之下、正西沃礁石下面的大熱惱大地獄。此地獄縱橫八千里，設有十六個小地獄，如車崩、悶鍋、碎剮、斷肢、煎髒、灸髓、開膛、剉胸等。

九殿平等王，掌管着大海之下、西南沃礁石下的阿鼻大地獄。阿鼻大地獄被密密麻麻的鐵網圍繞，重重疊疊，縱橫一萬二千八百里，設有十六個小地獄。這些小地獄中盡是些罕見的酷刑，如敲骨灼身、搗筋擂骨、鴉食心肝、狗食腸肺、身濺熱油、腦骨拔舌拔齒、取腦胃填、蒸頭刮腦、搗成肉醬、木夾頂、磨心、沸湯淋身、黃蜂咬身、蝎鈎、蟻蛀熬枕、紫赤毒蛇鑽孔等。

十殿轉輪王，位於正東方，在陰間的沃礁石之外，對着世界的五濁之處。這裏有金、銀、玉、石、木板、奈何等六座橋。各殿審理受刑完畢的鬼魂押解到這裏，分別核定，再發往四大部洲各處投胎。凡是那些功過相抵、受苦報期滿、功少過多的鬼魂，立即斟酌其罪功，標明來生的福報之後發往投胎。來生有些相貌美麗，有些醜陋，有些生活安樂，有些生活勞苦。一旦確定發往何方富貴、貧賤之家的鬼魂，交到孟婆那裏，灌下孟婆茶之後投胎。再根據陰間律令，分爲昆蟲、爬蟲、走獸等類生靈，依照生前所行善惡的大小，依次投胎。有些一年或一季即死；有些朝生暮死。反復地依罪變換，只有等熬盡應受的痛苦之後，才能轉世爲人。這些鬼魂轉世的情況在年終的時候要匯總送交酆都備案。

投胎轉世都要經過轉劫所。轉劫所方圓一萬一千二百里，周圍上下都是鐵柵欄。柵欄裏面有八十一處所在，每處都有亭臺，有一些判官、官吏設案記事。柵欄外面有十萬八千條羊腸小路，彎彎曲曲地通往四大部洲。小路上黑暗無比，伸手不見五指，死後到幽冥或者往生投胎，進出都走這些小路。從外面往裏看，却明亮如水晶，所有事情，絲毫無法隱藏。判官派遣官吏、鬼卒，輪班把守小路。眾鬼進進出出，還是生前的面目，很容易分辨。

判官、官吏都是在世孝順父母、友愛兄長、和睦親友、行善積德的善人，死後在陰間充當官吏。他們在這裏待了五年之後，如果沒有過失，就會受到加級、調升的獎勵；如果怠惰，依仗權勢，貪贓枉法，或者有什麼過失，就會受到降職、貶官的處分。獎懲機製和人間頗爲相似。古時候每個縣城都有城隍廟，城隍廟都有閻王殿，一般都有十個殿，供奉的就是十殿閻羅。古代還流行着十殿閻羅圖，將地獄的各種酷刑淋灕盡致地畫出來，以警醒世人，多行善，少作惡，以免死後受苦。

二十三、韋馱菩薩

"韋馱天"是濕婆和雪山神女的大兒子，原名叫"塞健陀"，意思是"陰天"。在印度教中，他的形象是六頭十二臂的戰神，坐騎是一只孔雀。不過在中國，老百姓習慣將他稱呼爲"韋馱菩薩"。

《道宣大師天人感通傳》裏記錄了道宣大師遇見天人的故事。有一次，道宣律師正在打坐，一個天人突然下界來敬禮道宣。這個天人説自己叫王蟠，是南天韋馱將軍麾下的使者。將軍乃諸天之子，統領鬼神，平日事務繁忙，盡心竭力維護三洲之佛法。

佛經中説，這個大千世界分爲四個洲，即東勝神州、南瞻部洲、西牛賀洲和北俱盧洲，中國處於南瞻部洲。南瞻部洲的梵文名叫"閻浮提"，因此我們生活的這個地方也叫"閻浮提"。在這四個大洲中，以"北俱盧洲"最強勝，這裏的百姓衣食無憂，壽命都達到上千歲，因此那裏没有佛法。

另外，這個天人還舉了一個例子：釋迦佛剛圓寂，諸天神和天王便聚在一起商量遺體火化之事，大家決定將收取的舍利建塔供養。這時帝釋天拿着七寶瓶過來説，佛陀生前答應給自己一顆佛牙，得到衆天神的允許後，帝釋天便取下佛牙，准備拿到住處忉利天建塔供養。誰知帝釋天身邊躲着一個捷疾鬼，他乘人不注意，居然偷走了佛牙，見此情形，韋馱天立刻奮起直追，不一會兒就抓住了捷疾鬼，取回了佛牙。這個壯舉贏得了諸天王的一致讚揚，大家覺得韋馱天能驅除邪魔，保護佛法，於是令他保護釋迦墳墓，隨時擊退那些企圖盜掘舍利的人。同時，韋馱還承擔了保護三洲出家人的重任。

韋馱天還有另外一個出處。四大天王手下各有八大名將，相傳南方增長天王手下有一名大將叫韋琨，他同時也是三十二將之首，此人天生聰慧，早早便悟道昇天，脱離了凡塵，因此佛祖特意囑咐他，護持三洲的佛法。

不管韋馱天和韋琨是否是同一個人，在中國唐代以後，這二者便逐漸融合成了一個人，尤其在道宣律師將韋馱將軍護持三洲、追回佛舍利的事廣泛宣傳之後，中國就逐漸形成了一條規矩，只要建佛寺，一定會供奉韋馱天。

現在，不管你到哪座寺廟，進入山門之後就是天王殿，天王殿中是大肚彌勒佛，兩旁分列着威武雄偉的四大天王，在彌勒佛身後，立着一個威風凛凛的武將，他就是韋馱天。韋馱的形象一般是身穿甲胄的武將，體格魁偉，但面部宛若孩子，這表示他不失赤子之心。

韋馱的武器是金剛杵，這和他原來是印度的戰神不無關係，在印度教徒心中，金剛杵是最堅固的兵器。到了佛教中，金剛又衍生出"金中最剛"的意思，説他堅固銳利，能摧毁一切，成爲牢固、不滅的象征，金剛杵在佛教密宗中變成了斬斷煩惱、降妖除魔的法器。

如果人們細心，還能發現韋馱有兩種拿着金剛杵的姿勢：一種是雙手合十，金剛杵橫放於二肘間，兩足平立；一種是左手握着金剛杵拄地，右手叉腰，左足稍稍向前，注視着出入的人。對於那些游方僧人來説，這兩個姿勢可有大秘密。如果韋馱雙手合十，金剛杵橫放於二肘，説明這個寺廟爲接待寺，不管是出家人還是在家修行的居士，都可以大摇大擺地進去"挂單"。挂單，佛教用語，簡單説，就是白吃白喝。如果是第二種姿勢，情形就不同，那説明此寺廟并不留住那些白吃白住的人衆。

115·韋馱菩薩之五

二十四、樂舞飛天菩薩

在佛教龐大的組織係統中，"樂舞飛天"屬佛教護法神"天龍八部"中的"乾闥婆"和"緊那羅"兩部。乾闥婆是梵名，意譯爲香音神、樂舞神和執天樂等。傳說其不食酒肉，惟以香氣爲食，故而名之。乾闥婆原爲印度婆羅門教所崇奉的神祇，相關的神話很多，或有說爲身上多毛，或有說其爲半人半獸，也有說其樣貌極美。在印度神話中爲天上樂師。而在佛經中則爲八部護法衆之一，是帝釋天屬下職司雅樂之神。又諸經中或以之爲東方持國天的眷屬，是守護東方的神，具有衆多眷屬。

據《維摩經玄疏》卷五所說，此神常住地上之寶山中，有時昇忉利天奏樂，善彈琴，作種種雅樂，悉皆能妙。又據《大智度論》卷十所載，乾闥婆王至佛所彈琴讚佛，三千世界皆爲震動，乃至摩訶迦葉不安其座。還有在《法華經》卷七《觀世音菩薩普門品》中以此乾闥婆神爲觀世音示現的三十三身之一。關於其住處，在《長阿含經》卷十八《世紀經‧閻浮提洲品》中記載："佛告比丘，雪山右面有城，名毗舍離，其城北有七黑山，七黑山北有香山，其山常有歌唱伎樂、音樂之聲。山有二窟：一名爲晝，二名善晝，天七寶成，柔濡香潔，猶如天衣，妙音乾闥婆王從五百乾闥婆，在其中止。"佛教諸多經典中都有提到有關乾闥婆的叙述。

在佛教中的香神和樂神不只有乾闥婆，八部衆中，緊那羅王本來并不是戰神，也是一個歌神和樂神。緊那羅過去譯作"人非人"或"疑神"，新譯爲"歌神"。爲佛教護法神"天龍八部"之一。據《法華文句》卷二說其"似人而有一角，故曰'人非人'，天帝法樂神，居十寶山。"緊那羅又稱"音樂天"，能作歌舞，男則馬首人身能歌，女則端正能舞，次此天女，多與乾闥婆天爲妻室。

可見緊那羅還有男女之分，男性其貌不揚，長着個馬頭；女性則相貌端莊，有一副絕妙的好嗓子。據《大智度論》說，有五百仙人騰雲駕霧，在空中飛行，好不逍遥得意。忽然傳來了緊那羅女的動人歌聲，大仙們頓時如醉如痴，忘乎所以，道術一下失靈，紛紛從空中栽入塵埃。

在印度神話中"飛天"是雲和水之神，肩下生有雙翼，以湖泊沼澤爲家，常遨游於菩提樹下。印度"飛天"隨着佛教傳入中國後，便沿着絲綢之路飛進新疆庫木吐拉石窟、克孜爾石窟、甘肅炳靈寺石窟、敦煌莫高窟等，使飛天形象越來越中國化。早期的飛天外形與菩薩相似，體型較短，身上佩戴的瓔珞較少，袒露着上身，大多排列成條狀，也有以單個的形式出現。外形有男有女，有的手持樂器演奏，有的手捧花鉢散花，顯得粗獷奔放。經過北魏時期、北周時期，到了唐代飛天樂舞形象發展到了高峰，不僅數量多，而且藝術神韵也最高，真正成爲東方樂舞飛天美神。

飛天樂舞菩薩是隨着佛教經典的廣泛傳入而變得豐富多彩。歌舞樂伎，梵唄讚歌，爲佛供果、獻寶、散花的歌舞伎，在優雅的歌舞梵唄中翩翩起舞，婀娜多姿，天衣飛揚，滿壁風動，使人仿佛到了天界佛國。

二十五、寶寧寺水陸畫

　　此堂水陸畫原屬山西省右玉縣寶寧寺。約繪製於明天順元年至四年（1457—1460）。清康熙四十四年（1705）及嘉慶二十年（1815）曾先後重新裝裱，二〇〇〇年部分佛菩薩像重新裝裱。現全堂水陸畫藏於山西省博物院，是現存最完整的一套水陸畫之一。據清康熙四十四年重新裱題記："寺中相傳，有敕賜鎮邊水陸一堂，妙相莊嚴，非尋常筆迹所同。"推斷此堂不同於一般民間水陸畫，爲官廷畫師所作，目的爲"鎮邊"。

　　水陸法會，全稱"法界聖凡水陸普度大齋勝會"，又稱水陸道場。據《釋門正統》卷四戴，梁武帝（502—549在位）蕭衍夜夢神僧教設水陸齋，普濟六道四生群靈，而後帝披覽經論，依阿難遇面燃鬼王一事，建立平等斛食之意，製作儀文，修水陸齋於金山寺。在水陸法會上懸掛水陸畫代表法會邀請的對象。水陸畫分上堂及下堂，上堂邀請的有諸佛、菩薩、聲聞、緣覺、明王、金剛及護法諸天等，下堂是六道衆生。

　　此堂水陸畫，共計一百三十九幅，其中包括清代（1644—1911）重裱題記二幅和水陸緣起圖一幅，其餘一百三十六幅爲明代（1368—1644）原作，內容包括諸佛九幅、菩薩十幅、明王十幅、十六羅漢八幅、面燃鬼王像一幅，其餘畫天界、地府、往古衆生等。除佛菩薩及面燃鬼王外，每幅畫面均標明畫作名稱及懸挂順序。

　　畫中以超度往生衆生爲主題的雇典婢奴、饑荒餓殍、弃離妻子、枉濫無辜、赴刑都市、兵戈盜賊、軍陣傷殘、水飄蕩滅等，旨在說明人生是苦、無常、勸人皈依三寶，并反映當時的某些社會現象，具歷史及藝術價值。如火梵屋宇軍陣傷殘等衆圖，描寫殘軍敗將弃甲曳兵而逃；近景爲焚燒的房舍，一片火海中三人被困挣扎，反應了戰爭的殘酷；雇典婢奴弃離妻子孤魂衆圖，表現遭休弃的妻子和被典賣的奴婢其悲慘遭遇；兵戈盜賊諸孤魂衆圖，表現士兵濫殺無辜及强搶民女的情形。

　　此堂水陸畫均以細絹爲地，畫中人物造型豐滿，比例准確，神態形貌刻畫生動。描繪臉部、手指、毛髮及衣帶等細部的不同質感，綫條清晰，毫髮畢現。畫中籍裝飾綫條的疏密及比例的大小，强調人物的主次關係。服飾以明代爲主。敷色鮮明，以紅綠强烈的對比色，體現明代人物畫風格；白綫用哈粉繪成，至今明亮如新。畫面所繪人物衆多，皆以工筆重彩繪製，同時使用泥金技法，富麗堂皇。

二十六、大足石刻孔雀明王菩薩

　　孔雀明王，漢譯有"摩訶摩瑜利羅闍""佛母大孔雀明王"等名。此尊相傳爲毗盧遮那佛或釋迦牟尼佛的等流化身。密號爲"佛母金剛""護世金剛"。在密教中，有爲息災、祈雨、止雨或安産而以孔雀明王爲本尊而修者，稱爲"孔雀明王經法"，又稱"孔雀經法"。爲密教四大法之一。

　　孔雀明王出現的初始因緣，據《孔雀明王經》所載，是佛陀在世的時候，有一位比丘遭到毒蛇所螫，痛苦難當。阿難尊者向世尊稟告之後，佛陀就宣説了一種可祛除鬼魅、毒害、惡疾的陀羅尼真言。此陀羅尼就是孔雀明王咒，這也是孔雀明王及其陀羅尼爲世人所知的開始。

　　另外在經中，佛陀同時也宣説了因誦持孔雀明王咒而得免去灾難，重獲安穩的故事。相傳在久遠以前，雪山有一金色大孔雀王，平素持誦該咒甚勤，因此恒得安穩。有一次，由於貪愛逸樂，與衆多孔雀女到遠地山中嬉游，一時忘了持誦該咒，因此遭到獵人捕捉。幸而他在被縛之時，及時恢復了正念，持誦孔雀明王咒，終於解脱係縛，得到自由。

　　一般明王多現忿怒相，而孔雀明王，則形象莊嚴，慈藹可親。常見身相多作白色的身形，穿着白繒的輕衣，凌風飄然，身上頭冠、瓔珞莊嚴，乘金色孔雀王，并結跏趺坐，坐在白蓮花或青蓮花上。其相貌慈悲，一般具有四臂：右邊的第一手持着開敷的蓮花，代表着敬愛；右第二手持着俱緣果，代表着調伏；左邊的第一手當心持着吉祥果，代表增益，左第二手持着孔雀尾代表息災。而其孔雀坐騎上的白蓮座是表示攝取慈悲的本誓，而青蓮座則代表降伏之意。由孔雀尊形象中所顯露的意義，可知此尊具有敬愛、調伏、增益及息災四種妙德，能滿足一切的願望。而其以能啖食諸毒蟲的孔雀爲坐騎，更象征了此尊能啖盡衆生一切五毒煩惱。

二十七、大勢至菩薩

大勢至菩薩：梵名"Maha-sthama-prapta"，又譯作"摩訶那鉢""得大勢""大勢志""大精進"，或簡稱"勢至""勢志"，是净土信仰中的重要菩薩，與觀世音菩薩同爲阿彌陀佛的脅侍。彌陀、觀音、勢至合稱爲"西方三聖"相對於觀世音菩薩的代表慈悲，大勢至菩薩就象征智慧。

《佛説觀無量壽佛經》説：此菩薩以智慧光普照一切，令衆生遠離三惡道，得無上力，所以稱此菩薩為大勢至。此菩薩與觀世音菩薩具攝受護念衆生，當净土行人臨命終時，會來迎請净土行人往生極樂世界。在《大佛頂首楞嚴經》卷五中説："我於因地時以念佛心證入無生法忍，現在在娑婆世界攝受念佛人歸於净土。"

大勢至與阿彌陀佛、觀世音菩薩二位聖尊有極深的淵源。在彌陀成佛以前，他即與觀世音菩薩共同爲彌陀的侍者；在未來世，他也將接續觀世音菩薩之後而成佛，名爲"善住功德寶王佛"。

依《楞嚴經》所載，大勢至菩薩在因地所修的是念佛三昧，因此，他也以念佛法門教導衆生。他教導説，十方諸佛如來，憐念衆生的心，就像母親憶念兒女一樣。如果衆生之心，也如是憶佛念佛，現前當來，必定能見佛。

因此，他開示的法門是："都攝六根，净念相繼，得三摩地，斯爲第一。"這種法門，在後世也成爲中國净土行者的重要准則。在密教的《七佛八菩薩神咒經》與《藥師本願經》，則將此菩薩列爲八大菩薩之一。大日經係的經典則將此尊列屬爲觀音部，密號"持輪金剛""持光金剛""轉輪金剛""空生金剛"等。

關於大勢至菩薩的形象，《佛説觀無量壽佛經》中説，此菩薩身量大小如同觀音，頂上天冠有五百寶蓮花，一一寶華有五百寶臺，一一臺中，十方諸佛净妙國土廣長之相皆於其中顯現，頂上肉髻如鉢頭摩華，於肉髻上有一寶瓶，盛諸光明，普現佛事，其餘身相皆如觀音等同無異。

密教諸經却有各種説法，如《大日經》卷一《具緣品》説，大勢至菩薩衣服顏色是商佉色，大悲手持蓮花，蓮花飽滿還未盛開。《攝無礙經》則説，大勢至菩薩頂上有五髻冠，冠中住軍持，身相白肉色，左手拿着白蓮花，右手作説法印，全身妙鬘寶瓔珞，清净莊嚴如同觀音。

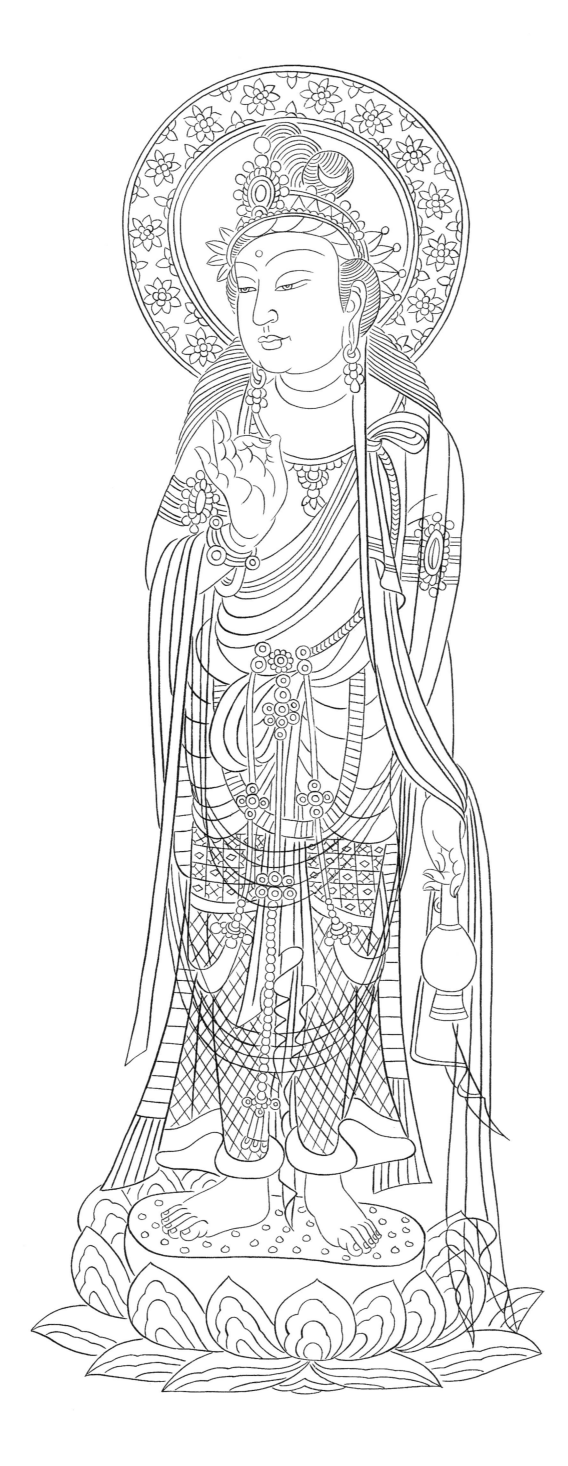

二十八、虛空藏菩薩

虛空藏菩薩：梵名"Akasagarbha"，又譯為"虛空孕菩薩"，因為他具足福德、智慧二種寶藏，無量無邊，猶如虛空廣大，所以稱為"虛空藏菩薩"。他能出生無量寶物，滿足一切衆生欲求，可説是典型的財寶本尊，因此又被稱為"如意金剛""富貴金剛""無盡金剛"。

據《大方等大集經》卷十六中佛陀告訴速辨菩薩説，虛空藏菩薩"於虛空中隨衆生所需，若法施、若財施，盡能施予，皆令歡喜，以是故，善男子！是賢士以此方便智故名虛空藏。"并説虛空藏過去世："於普光明王如來出世時為功德莊嚴轉輪聖王之子，名'獅子進'，與'獅子'等諸王子舍世王位，出家修道。後為度化功德莊嚴王的驕慢心，現無量神變。於虛空中現種種妙物，所謂華香、末香、塗香、繒蓋、幢幡，作種種天樂、美膳、飲食、瓔珞、衣服，種種珍寶皆從空中繽紛而下，雨如此寶，滿足三千大千世界，衆生得未曾有，皆大喜悦。爾時，從地神諸天，上至阿迦膩吒天皆歡喜踴躍，唱如是言，'此大菩薩可名虛空藏。所以然者，以從虛空中能雨無量珍寶充足一切。'爾時，世尊即印可其言名虛空藏。"

另有《別尊雜記》卷二中記載："虛空藏菩薩者，表一切如來恒沙功德福聚資糧，修瑜伽者於此部中，速成就所求一切伏藏，皆得現真多摩尼寶。"《覺禪鈔》引《大日經疏》十一云："如虛空不可破壞，一切無能勝者，故名'虛空'等歟。又'藏'者，如有人有大寶藏，施所欲者，自在取之，不受貧乏，如來虛空之藏亦復如是，一切利樂衆生事，皆從中出無量法寶，自在受用，而無窮竭相，名虛空藏也，此藏能生一切佛事也。"

《虛空藏菩薩神咒經》中，佛陀贊嘆虛空藏菩薩：禪定如海，净戒如山，智如虛空，精進如風，忍如金剛，慧如恒沙。是諸佛法器，諸天眼目，人之正道，畜生所依，惡鬼所歸，在地獄救護衆生的法器。應受一切衆生最勝供養。可見這位菩薩功德之殊勝。

《虛空藏菩薩經》中則叙述，佛陀住在佉羅底翅山時，虛空藏菩薩從西方一切香集依世界的勝華敷藏佛所，與十八億菩薩來娑婆世界為净土，使一切與會大衆兩手皆有如意摩尼珠，其珠放出大光明，遍照世界，并奏天樂，出生種種寶物。

由以上經疏中種種記載，不但可知虛空藏菩薩之所以名虛空藏，與財寶有着深密的因緣，更可以知道此財寶本尊虛空藏菩薩不僅可賜予衆生世間無量種種珍妙財寶，滿足衆生世間的需求，更能增進衆生意樂，施與種種法財，令一切衆生圓滿菩提，同時圓滿衆生福智二種資糧。

虛空藏菩薩在胎藏曼荼羅虛空藏院中為主尊，身呈肉色，頭戴五佛冠。右手屈臂持劍，劍緣有光焰；左手置於腰側，握拳持蓮，蓮上有如意寶珠，坐於寶蓮花上。其所持的寶珠、劍，即代表福德、智慧二門。頂戴五佛寶冠，表示具足萬德圓滿之果德。右手持的寶劍表示其内證之智，身後之慧、方、願、力、智五波羅密菩薩由此產生。

虛空藏菩薩左手持蓮花，上有寶珠，寶珠有一瓣、三瓣或五瓣。一瓣寶珠表一實相的菩提心；三瓣寶珠表胎藏之佛部、蓮花部、金剛部等三部；五瓣寶珠表金剛界五王智，亦即表内證之福德，自此流出布施、持戒、忍辱、精進、禪定五波羅蜜菩薩。其眷屬十波羅蜜菩薩，着羯磨衣，從虛空藏菩薩之福德智慧二莊嚴所化現。

此外，虛空藏菩薩也常化現為天黑後第一顆出現的明星，因此也被認為與明星天子是同體所現。

二十九、八大菩薩

釋迦牟尼三十五歲成佛，據稱次年三月十五轉密宗法輪，始有密宗。密宗修習分爲四個階段，即"密宗四部"或"四續"：事部（續）、行部（續）、瑜伽部（續）、無上瑜伽部（續）。四續的出世部分佛分三部、五部、六部。以五部來說，包括如來部、蓮花部、金剛部、寶生部和業部。每部除有部尊（佛）外，還有管理世間的菩薩，如：如來部有普賢菩薩，蓮花部有觀音菩薩，金剛部有金剛手菩薩，寶生部有文殊菩薩，業部有彌勒菩薩。每部還有其他衆多的菩薩、眷屬、使者、護法等無量無數神祇，所以佛教乃愈來愈復雜、愈來愈妙化不可方物，而成爲牢不可破的係統。

密教中有八大菩薩之説。這八大菩薩包括上面提到的五位大菩薩。據佛經講，八大菩薩是常隨侍佛的，護持正法，救護衆生。但八大菩薩的組成，佛經中有不同説法，如《八大菩薩經》和《藥師經》中就有所不同。《八大菩薩經》中有文殊、觀音、彌勒、虛空藏、普賢、金剛手、除蓋藏和地藏，《藥師經》中則是文殊、觀世音、大勢至、無盡意、寶檀華、藥王、藥上和彌勒。

第一種説法流行最廣、影響最大。前面多數菩薩已專門做了介紹，下面再擇要介紹其餘幾位。

金剛手菩薩：據稱金剛手菩薩是釋迦牟尼佛説密法時所呈現的形象，是釋迦佛的秘密化身，所以又叫秘密主菩薩。他屬金剛部，因手持金剛杵而得名，故又稱金剛菩薩。又因其執金剛杵常護衛佛，他還被叫作金剛手藥叉。金剛手與觀音、文殊三位菩薩合爲著名的"三族姓尊"，即"三怙主"。金剛手還被視爲大勢至菩薩的忿怒化現。對藏密佛菩薩身變來變去的現象，是因爲佛教有法身、化身和報身三種不同的佛體顯現，變化無方，所以許多佛菩薩的各種變化身都應看作是佛教教義的體現。深意的金剛手是指表大日如來身語意三密的金剛薩埵，即密乘第二祖。

金剛手的形象有多種。最常見的是一面二臂三目，身呈藍黑色。右手怒拳持金剛杵上舉，左手怒拳持金剛鈎繩當胸或左手安於胯。頭戴五股骷髏冠表五佛，以雜寶及蛇爲瓔珞，下穿虎皮裙。足右屈而左伸，威立於烈焰之中，凶猛之相顯示其護法的威力。

密宗以爲，修煉金剛之法，有不可思議之功德，可消滅地水火風所生諸災難，一切所求無不如願，臨終時直生西方净土。

除蓋障菩薩，全稱除一切蓋障菩薩，又作降伏一切障礙菩薩。此菩薩爲密宗胎藏界曼荼羅中除蓋障院中的主尊菩薩，密號離惱金剛。院内另有破惡趣、施無畏、除疑怪、不思議慧等八位菩薩。通俗講，這是一位幫人去掉一切煩惱的大菩薩。

"除蓋障"乃消除一切煩惱之意。佛教中有修道五蓋、五障説法，即修禪時障礙坐禪、使人難以入定的一些心理障礙。"五蓋"之"蓋"，是指這些障礙能覆蓋心性光明而不能顯現，故稱"蓋"。五蓋包括貪欲蓋、嗔恚蓋、睡眠蓋、掉悔蓋、疑蓋。五障包括煩惱障、業障、生障、法障、所知障。修行者必須弃除上面的種種蓋障，即令一切煩惱業苦盡皆除滅，才能獲得所謂見法明道的"除蓋障三昧"。若得此三昧者，則與諸佛菩薩同住。《大日經疏》稱："得除蓋障三昧，見八萬四千煩惱之實相，成就八萬四千之寶聚門。"

除蓋障菩薩的形象是：左手持蓮花，花上有如意寶珠，乃以菩提心中之如意珠施一切衆生，滿其所願，右手結無畏印。

無盡意菩薩，又叫無盡慧菩薩。因其觀一切事象之因緣果報，皆爲無盡，而發心上求無盡之諸佛功德，下度無盡之衆生，故名無盡意菩薩。密號是無盡金剛、定惠金剛。

無盡意菩薩身呈白肉色，左手置拳置腰間，右手持花雲。據《大方等大集經·無盡意菩薩品》載，無盡意菩薩出現於東方不眴國普賢如來之世界。

《金剛頂瑜伽經》稱："諸佛菩薩依二種輪，現身有異。一者法輪，現真實身，所修行願報得身故；二者教令輪，現忿怒身，由來大悲現威猛故也。"是説佛菩薩由正法輪與教令輪兩種輪身，分別現真實身和忿怒身。八大菩薩爲菩薩形之真實正法輪身，由此八大菩薩受佛教之教令轉化爲忿怒相以降伏愚暗邪魔的教令輪身，即八大明王。

149. 八大菩薩之二 普賢菩薩

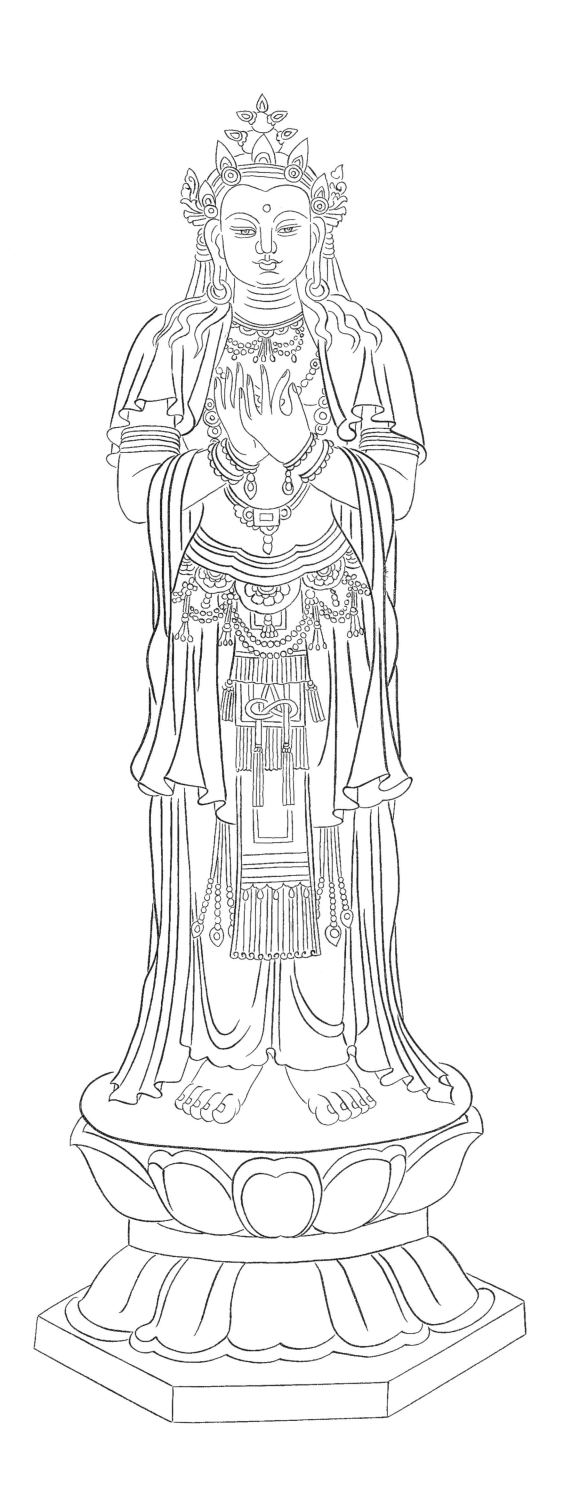

三十、日光菩薩

日光菩薩，又稱作日光遍照、日曜，是藥師佛的左脅侍，與右脅侍月光菩薩在東方淨琉璃國土中，并爲藥師佛的兩大輔佐，也是藥師佛國中，無量諸菩薩衆之上首。

日光菩薩與藥師佛的關係很深遠。在久遠的過去世中，電光如來行化於世間。當時有一位梵士，養育二子，父子三人有感於世間的濁亂，於是發起菩提心，誓願拯救病苦衆生。電光如來對他們非常讚嘆，勸梵士改名爲醫王，二子改名爲日照、月照。這位蒙受電光如來囑咐的梵士，成佛後就是藥師如來，二位兒子也就是日光、月光兩大脅侍，而日照就是日光菩薩。

日光菩薩的名號，是取自"日放千光，遍照天下，普照冥暗"的意思。此菩薩依其慈悲本願，普施三昧，照耀法界俗塵，摧破生死暗黑，猶如日光之遍照世間，故取此名。

日光菩薩與觀世音菩薩的大悲咒也有密切聯繫。持誦大悲咒者，日光菩薩當與無量神人來爲作證，并增益其效驗。凡是持誦大悲咒者，如能再持日光菩薩陀羅尼，當能得到日光菩薩護持。

單獨出現的日光菩薩并不多見，常是與月光菩薩、藥師佛一起構成一佛二菩薩的格局。這時的日光菩薩像，一般爲身披天衣，頭戴寶冠，或手持蓮花，蓮花上有象征太陽的日輪。

三十一、月光菩薩

月光菩薩，爲藥師如來的脅侍，又稱作月净菩薩、月光遍照菩薩。《灌頂經》卷十二記載：有二菩薩，一名日曜，二名月净，是二菩薩次補佛處。據《藥師如來本願經》記載，月光菩薩與日光菩薩，同爲無量無數菩薩衆之上首，次第補佛處，悉能受持藥師如來的正法眼藏。

《覺禪鈔》引《藥師經疏》卷一曾提到，過去世電光如來時，有一梵士醫王，養育日照、月照二子，發心願利樂衆生，二子亦發願供養。梵士醫王即是今日的藥師佛，二子即是日光、月光二菩薩。

依《修藥師儀軌布壇法》載：月光菩薩與觀世音的大悲咒，也有密切的聯繫。凡是至心持誦大悲咒的修行者，月光菩薩也會與無量護法來護持，如果能再加誦月光菩薩陀羅尼，則月光菩薩當會加以庇護，使持咒者除去一切障難與病痛，并成就一切善法，遠離各種怖畏。

另外，月光菩薩在密宗也是金剛界曼荼羅賢劫十六尊之一，胎藏界曼荼羅文殊院中的一尊。在金剛界曼荼羅中，月光菩薩位列微細會等第二院子西邊，在光網菩薩與金剛燈菩薩之間，密號清凉金剛，或曰適悦金剛，三昧耶形爲半月形。《觀想曼拏羅經》中説其身呈白色，右手持開敷蓮花，花上有月，左手握拳按腰側。

胎藏界曼荼羅中，月光菩薩位於文殊院妙吉祥的右方，在妙音菩薩與無垢光菩薩之間，密號爲威德金剛，三昧耶形爲青蓮華上置之半月形。右拳當腰執蓮花，花上安半月，左手竪拳持合蓮花，跏坐蓮臺。

三十二、伽藍菩薩

伽藍是梵文，音譯爲"僧伽藍"或"僧伽羅摩"的略稱，意譯爲"衆園""僧園"或"僧院"，亦即佛教寺院。

關羽進入佛教寺院，并在佛教寺廟整體規劃中專門建設伽藍殿，以關公爲伽藍殿主神護持佛法，這裏面還有一段曲折復雜的因緣。

寺廟中的伽藍殿早期供奉的中央是波斯匿王，左邊是祇多太子，右邊是須達多長者，殿內兩側是十八伽藍神。

須達多是梵文的音譯，意譯爲善施、善給等。他是中印度舍衛國城著名的大富長者，其爲人仁慈，樂善好施，特別憐憫貧困孤獨者，故人稱"給孤獨"。他皈依佛門後，一心想爲佛陀建一座精舍供養佛陀，并選中了祇多太子的花園，此花園十分清净廣闊，環境優美，非常適合佛陀講法及弟子們居住。須達多長者欲購祇多太子的花園獻給佛陀，太子開始并不同意，爲了使長者打消購園的念頭，太子隨意説了一句："如你能以黄金鋪滿花園便賣給你。"不料，長者真的用大象馱來黄金進行鋪地。太子爲其誠心深受感動，遂將園中林木也一起奉施佛陀，故此寺院以其二人之合作命名爲"祇樹給孤獨園"。

波斯匿王是祇多太子的父親，與釋迦牟尼是同時代人，住在王舍城。波斯匿王最初暴惡無信，因屢受佛陀教誨而皈依佛教，并親率群臣百官到祇園精舍聽佛説法，護持佛教不遺餘力，是佛教史上第一位帝王護法。所以最早的佛教寺院中伽藍殿中三大護法是波斯匿王、須達多長者和祇多太子。十八伽藍神是古印度神話中的人物，各有一些來歷，後來被吸收到佛教的護法團隊，豐富了佛教殿堂。

關羽字雲長，三國人物，他生於東漢延熹三年的河東解縣（今山西運城市解州鎮常平村），十九歲時因得罪地方權貴，避難到了河北涿州，與劉備、張飛"桃園三結義"。跟隨劉備東征西討，歷盡艱辛，屢立戰功。

建安二十四年冬，關羽大意失荊州，退守麥城，被吳兵俘獲，斬首於漳鄉（今湖北當陽市）。孫權恐劉備復仇，將關羽首級獻給曹操。曹操刻沉香木爲軀，以王侯之禮厚葬關羽於洛陽城南；其正身，孫權以侯禮葬於當陽。

傳説關羽遇害後陰魂不散，在玉泉山頂大呼："還我頭來！"震得山摇地動。在玉泉山結茅爲庵的普净禪師見是關公，感慨地説："今將軍爲吕蒙所害，大呼'還我頭來'，然則顏良、文丑、五關六將衆人之頭，又將向誰索要耶？"於是關公恍然大悟，稽首皈依而去，在玉泉山顯聖護民。鄉人感其德，就在山頂建廟，四時致祭。

據《佛祖統紀》記載：隋開皇十二年十二月，天台宗創始人智顗大師駐錫荊州，想在玉泉山創建弘法道場。一次，他打坐入定，十數天後，定中忽見關羽、關平，威儀如王，趨前致敬，自稱是當陽山之主。他們聽説智顗大師欲於山上建廟，答應襄助。七天後，智顗出定，一座宏偉壯觀的佛寺出現在面前，"湫潭千丈，化爲平址；棟宇焕麗，巧奪人目"。於是大師率弟子進駐新刹，智顗又入定爲關羽等人授了五戒。大師將定中情景講給弟子們，弟子將此記錄下來，於是"神之威德，昭布千里，遠近瞻禱，莫不肅敬"。關羽既受五戒，智者言於晉王，廣上其事，賜以佳名。從此關公遂爲伽藍神矣。玉泉山上玉泉寺大雄寶殿右側的護法神殿內，供奉着高達丈餘的關羽神像，兩側侍立着關平、周倉。此後，凡建寺廟，關羽塑像便自然而然地成爲了佛教寺院的伽藍菩薩了。

三十三、十二圓覺菩薩

圓覺，是圓滿覺性的意思，就是指修行得道，功德圓滿，也就是説斷絕了一切煩惱妄想，對世間一切事物、道理大徹大悟，就能往生清净佛國，即身成佛。

唐代著名僧人佛陀多羅所譯的《圓覺經》中記載：十二位菩薩依次請求佛祖開示修行的法門，佛祖一一耐心地作了解答。由於十二位菩薩請教的是大乘佛法圓滿覺悟的清净境界，修行的法門是直接成佛的大道，因而稱之爲十二圓覺菩薩。這十二位大菩薩的名稱分別是：1.文殊師利菩薩；2.普賢菩薩；3.普眼菩薩；4.金剛藏菩薩；5.彌勒菩薩；6.清净慧菩薩；7.威德自在菩薩；8.辨音菩薩；9.净諸業菩薩；10.普覺菩薩；11.圓覺菩薩；12.賢善首菩薩。

文殊、普賢、彌勒，我們有過介紹。第三位是普眼菩薩，是觀音菩薩的另一名稱，佛經中稱贊她慈眼普觀一切衆生，所以叫普眼菩薩。第四位是金剛藏菩薩，是賢劫中十六聖者之一。佛經記載：在過去莊嚴劫有一千位佛出世，其中以燃燈佛爲代表，稱爲燃燈古佛；現在世賢劫中也有一千位佛出世，以釋迦牟尼佛爲代表，稱爲釋迦諸佛；未來星宿劫中也有一千位佛出世，以彌勒佛爲代表，稱爲彌勒諸佛。密教稱賢劫十六佛（菩薩）爲千佛中地位最高的護法神。金剛藏菩薩爲十六尊之一，有時示現爲忿怒身，手持金剛杵用以降伏諸惡魔，又稱爲金剛藏王，他還是密教五方佛中東方阿閦佛的四位護法神之一。

餘下的諸位大菩薩分別代表不同深刻意義。

清净慧菩薩：代表脱離一切煩惱，六根清净，六根指眼、耳、鼻、舌、身、意，全都清净無染，自在無礙，從而獲得佛法智慧。

威德自在菩薩：代表有大威勢，足以降伏所有惡魔，有大慈德，可以救助一切煩惱衆生。

辨音菩薩：代表擅長用法音、慧音宣講一切佛法智慧，解脱惡因、惡果的輪回往復。

普覺菩薩：代表深刻理解了衆生的生死苦樂，按照佛所教化的智慧，利樂衆生，走上覺悟解脱的道路。

圓覺菩薩：代表覺行圓滿，自利利他，永遠斷除無明煩惱，即身成就佛道。

賢善首菩薩：代表按照佛的教化修行，以善爲師，化導衆生，賢能爲人，利世濟衆。

十二圓覺造像今天并不少見，除杭州靈隱寺以外，在四川大足也有一處聞名於世的十二圓覺造像，即大佛灣圓覺洞。洞窟内主像爲三身佛，位於正壁中部，三身佛的兩側壁前，各刻有六尊菩薩。這些造像爲宋代作品，刻畫細膩，造型優美，裝飾性極强。整個圓覺洞就是一件大型的石雕藝術珍品。洞中的十二位菩薩即爲十二圓覺菩薩。

163. 十二圓覺之一　文殊菩薩

三十四、哼、哈二將

　　寺院的大門，一般是三門并立，中間是大門，兩旁各一小門，所以叫"三門殿"。因佛寺多在山間，有"天下名山僧占多"之説，故也稱"山門殿"。寺院的山門殿裏，在門的兩旁常立兩位金剛像，二金剛爲鬼神力士之形，高二丈餘，威猛凛然可畏，儼然寺廟門神。

　　二位金剛成爲佛教門神有兩種説法。

　　一種説法是，此二金剛是手持金剛杵（古印度最堅固之兵器）護衛佛的夜叉神，又叫"執金剛"。傳説，釋迦常有手持金剛的五百個隨從侍衛。其中最重要者叫"密迹金剛"，是五百名侍衛之首。

　　密迹金剛原爲法意太子，他曾發誓説，皈依佛教後，要常親近佛，爲金剛力士，普聞一切諸佛秘要密迹之事。這也是其名諱"密迹"的來歷。於是，他擔當起把守寺院第一道大門的重任。不過，最初的金剛力士只有他一位，這很不符合中國傳統的"對稱""成雙"習慣，於是，又增加了一位，一左一右對稱地立於山門殿兩側。古印度也風行安置諸天及藥叉神等護法，以守護伽藍（寺院）的習俗。

　　《毗奈耶雜事》卷十七載："給孤獨長者施園之後……佛言，'長者！於門兩頰應作執杖藥叉，次傍一面作大神通變'。"這新增加的一位也是有來歷的，即著名的大力士"那羅延天"。那羅延天爲梵文的譯音，意譯爲"金剛力士""堅固力士""人中力士"等，本是具有大力的印度古神。唐朝慧琳《一切經音義》卷六載，那羅延又稱"毗紐天"，欲求多力者，如精誠祈禱供養此天，則多獲神力。此天多力，身爲綠金色，有八臂，乘金翅鳥，手持鬥輪及種種器杖，常與阿修羅爭鬥。因那羅延具有大力之故，後世將他與密迹金剛共稱爲二王尊，安置於寺門。因其被置於寺門兩側，又叫"右弼金剛""左輔密迹"。左輔密迹，是密迹金剛；右弼金剛，即"那羅延天"。

　　由於那羅延突出的大力士身份，所以阿彌陀佛的四十八大願的第三十二願是那羅延身願："我作佛時，生我國者，善根無量，皆得金剛那羅延身、堅固之力……若不爾者，不取正覺。"是説往生極樂世界之人皆可得那羅延金剛堅固之身。

　　民間習慣把二位佛寺門神叫做"哼哈二將"。這種叫法來源於明代著名神魔小説《封神演義》。

　　《封神演義》裏説，哼哈二將一個叫鄭倫，一個叫陳奇。"哼將"鄭倫本是商紂王的督糧上將，拜西昆侖度厄真人爲師，度厄真人傳他竅中二氣，碰到敵人把鼻子一哼，響如洪鐘，同時噴出兩道白光，吸人魂魄。周代紂時，鄭倫每與人戰，常以哼鼻這一絶招取勝。後來鄭倫被周將鄭九公擒獲，投降了周武王，當上了武王的督糧官，仍以哼鼻取勝，後被商朝大將金大昇斬爲兩半。

　　"哈將"陳奇也是商紂王的督糧官，受異人秘術，養成腹内一道黃氣，張嘴一哈，黃氣噴出，見者魂魄自散。陳奇每與周將戰，則以哈氣絶招取勝。哈將陳奇與降周的哼將鄭倫接戰，一位鼻中噴出兩道白光，一位口中迸出一道黃氣，一哼一哈，彼此相拒，不分勝負。後來陳奇被哪吒打傷臂膀，又被黃飛虎一槍刺死。

　　周滅商後，姜子牙歸國封神，敕封鄭倫、陳奇"鎮守西釋門，宣布教化，保護法寶，爲哼哈二將之神"。

　　許多寺廟據此在山門塑哼哈二將神像。有些地區還將哼哈二將作爲門神，過年時一左一右貼在大門之上，至今還有這種門畫上市，頗受民間歡迎。其實，佛教經典中根本没有"哼哈二將"之名。

三十五、四大天王之一·東方持國天王

持國天王：梵名"Dhrt—arastra"，音譯爲"提頭賴吒""提多羅吒"等，又稱爲"治國天""安民天""順怨天"。由於此天王護持國土，保護、安撫衆生，所以稱爲"持國天"，又稱爲"東方天"。爲四大天王之一，及十六善神之一。

東方持國天王能護持人民無諸病苦、無諸魔障、無諸煩惱、增長智慧、延年益壽、財寶豐盈、受用無盡、一切自在、所作成就。持國天住於須彌山東面半腹的由乾陀山，其所住地爲賢上城，有七重欄楯、鈴網、行樹及七寶等瑰麗裝飾，景色殊勝。

據《起世經·四天王品》中記載："須彌山東面東腹有山，名由乾陀。山頂去地四萬二千由旬。其山頂上有提頭賴吒天王城郭住處，城名賢上。縱廣正等六百由旬。七重垣墻、七重欄楯、七重鈴網，復有七重多羅行樹，周匝圍繞雜色可觀，悉以七寶而爲裝飾。所謂金、銀、玻璃、頗梨、赤珠、硨磲、瑪瑙等之所成就。"

持國天率領乾闥婆及毗舍闍神將，受佛囑咐，守護東方國土，爲護世的善神。據《大集經》記載，佛陀曾囑咐他護持閻浮提東方世界。當時天王也隨即應允，率領一切眷屬保護閻浮提東方的世間，使衆生能安居樂業，行於正法。

持國天的眷屬，依《長阿含經·大會經》中說："復有東方提頭賴吒天王領乾沓思神有大威德，有九十一子盡字因陀羅，皆有大神力。"

在《大方等大集經·提頭賴吒天王護持品》中記載，佛陀告訴樂勝提頭賴吒天王言："妙丈夫！此四天下閻浮提中，東方第四分你應當護持。何以故？因爲閻浮提是諸佛興盛處，所以你應當最上護持。過去諸佛已曾教你護持養育東方閻浮提衆生，未來諸佛亦是如此。"

這時，樂勝提頭賴吒天王秉白佛陀："世尊！如是如是，大德婆伽婆！過去諸佛囑咐安置護持養育，亦教我等護持東方閻浮提界，就如同現今世尊教我安置東方世界一般。我應當深心頂戴，敬受於諸佛正法，護持閻浮提東方第四分。并且令我諸眷屬大小也護持，於三惡趣皆得止息，於三善道皆悉熾然行持。"

持國天王承受佛陀的囑咐，護持東方國土的衆生，關閉一切惡事，行一切善行。因此，如果有匱乏者，誠心向東方天王祈願，天王皆能滿足其心願。

東方持國天王，其身白色，持琵琶、守護八佛的東方門。

三十六、四大天王之二·南方增長天王

增長天王：梵名"Virudhaka"漢譯爲"毗樓勒迦天"，又稱爲"毗樓多天""毗樓勒叉天"，意爲"增長天"，爲四大天王之一。十二天王之一，十六善神之一。

其居處在須彌山的琉璃埵的善見城中，其地縱廣六千由旬，有七重欄楯、羅網、行樹及七寶等裝飾，而且衆鳥和鳴，景色端麗。

增長天王率領"鳩盤茶""薛荔多"等鬼神，守護於南方，能折伏邪惡，增長善根，在南方承擔護持正法的使命，爲護法之善神，所以又稱爲"南方天"。由於他能令衆生善根增長，所以名叫"增長天"。又在東、西、南、北方中，南方象征增益的特性，能增長萬寶，所以也稱爲"增長天"。增長天王不但守護人民遠離灾障、煩惱、更能護佑衆生財寶充盈，受用無盡，增長智慧壽命。據《大集經》卷五十二所載，佛陀曾囑咐增長天，此閻浮提是諸佛興盛之處，因此你應當最上護持。過去諸佛已曾教你護持養育，未來諸佛也是如此。以及你的孩子、一切眷屬、大臣軍將、夜叉羅刹，皆當令其護持此間。你也應該使其對佛法生起敬信，共同護持閻浮提南方。

關於增長天王的形象，有種種不同的說法。有些書上所描述的是赤肉色忿怒形，甲胄上着天衣，右手握劍，左拳置胯上，交脚而坐。左方有鬼形使者，呈黑肉色，大忿怒形，以二手擎劍跪在天王前側。有些書則說左手握刀，右手持稍，此種形象象征的是折伏邪惡、增長善根的意思。

四大天王的信仰，自古以來極爲盛行，在中國及日本均存有許多遺品，其形象亦各有不同。而各寺造像中，增長天王手中的持物亦有不同。如浙江省天台山萬年寺惣門中，天王手持琵琶；太白山天童寺天王殿的增長天王像，手持劍；普陀山普濟寺天王殿之像，手持蛇；普陀山法雨寺天王像，手持傘；湖北省武昌寶通寺天王殿之像，手持傘及塔；漢口歸元寺天王像，手持琵琶。

三十七、四大天王之三·西方廣目天王

廣目天：梵名"Virupaksa"，"廣目"又名爲"西方天"，音譯"毗留博叉""毗樓羅刹"，意譯爲"廣目天""雜語主""非好報"等。爲四大天王之一，十二天之一，十六善神之一，居處在須彌山的白銀埵，爲守護西方的護法善神。

廣目天王常以清净天眼觀察護持閻浮提衆生，守護一切衆生遠離種種惡事，所住之處在須彌山西方的周羅善見城。該城嚴净瑰麗，景色殊勝，如同其他三王天住處。

此天王率領無量天龍及富單那諸神眷屬，守護佛法。此天王亦爲諸龍之主，據《佛母大孔雀明王經》卷上所說："此西方有大天王，名曰廣目，是大龍王，以無量百千諸龍而爲眷屬，守護西方。"其所司之職在於對治惡人，令其受苦并生起求道之心。

依《大集經》記載，佛陀曾囑咐廣目天王護持閻浮提洲的西方世界，囑彼率領其子及獅子、獅子髮等八位諸龍軍將，西方十六天神、三曜七宿、諸天龍鬼等眷屬，共同負起護法責任。佛教徒對此天王的崇敬，也與"持國""增長"相同，很少單獨供奉，通常都以四王天之一的身份，與其他三尊共同地受人們奉祀。

相傳廣目天王是由"大自在天"化身，由於前額有一目，因此稱爲"廣目"。不過後世流布的此尊形象，都未見此形象。其形象通常作赤色忿怒形。甲冑上着天衣，右臂持三股戟，左拳置胯上，面向左方，交脚而坐。

在中國，廣目天的造型有多種，如河北居庸關西南壁上所刻者，構圖頗爲雄勁，係元代中期所製作。其右手執蛇，屈左手按於胸前，左脚踏於惡鬼背上。左側立有裸體脅侍，持金剛杵。

而於敦煌千佛洞所發現者爲着色絹本，形象爲身披中國式革製甲冑，以天衣、金具飾體，右手持劍，左手支持劍中央，兩足踏於夜叉之上，眉間洋溢雋鋭之氣。

關於此尊的形象，諸説不同。依《陀羅尼集經》卷十一記載："毗嚕博叉像，身體作一肘，着種種天衣，嚴飾極令精妙，與身相稱，左手伸臂執稍，右手持赤索。"

234

三十八、四大天王之四·北方多聞天王

毗沙門天：梵名"Vaisravana"四大天王或十二天之一。意譯"多聞""遍聞"，以"多聞天"之名最爲常見。

毗沙門天是閻浮提北方的守護神，護持佛法守護世間。毗沙門天的福德力名聞四方，所以名爲多聞天，被視爲財寶天王，在藏密中更被視爲財神本尊，能賜予無盡資財。在印度、西域、中國與日本等地，毗沙門天王都普遍受到供奉，爲著名的財神、福神。

毗沙門天王住於須彌山北方可畏、可敬、衆歸等三城。每個城各縱橫六十由旬，其中有七重欄楯、羅網、行樹等裝飾，全部都由七寶所形成，端嚴清凈，衆鳥和鳴，景色殊麗。

毗沙門天有五位太子，分別是：最勝、獨健、哪吒、常見、禪祇；常有五大鬼神隨侍左右，分別爲：那闍婁、檀陀羅、醯摩拔陀、提偈羅、修逸路摩；另外還有二十八使者，爲其天界所屬。每逢半月二齋日及八日、十四日、十五日，毗沙門天等四天王敕諸使者：巡行世間，觀察人民是否孝敬父母、尊敬沙門；婆羅門長老是否受齋戒及行布施。

使者巡行回報之後，天王如果聽聞人間惡行則不歡喜，若聽到行善則心生歡喜。十四日這天，四天王則遣太子巡行天下；而到了十五日這天，四天王親自巡察，然後到善法殿，向帝釋天王詳細稟告一切。

佛陀曾經囑咐毗沙門天王，在未來世邪見王毀滅佛教時，要大力護持佛法。毗沙門天王又具有戰神的性格，他的太子哪吒也都具有隨軍護法的願力。在四大天王中，北方毗沙門天王所受到的依止，特別的廣大興盛。因爲毗沙門天王不只是天神諸神中最爲熱心護持佛法，與佛教徒的關係最爲密切，而且對於佛法的修證，更是深入。因此，有人認爲毗沙門天王是大菩薩化現天王身，來擁護教化衆生的。毗沙門天王除了是正信佛法的保護者，有着無邊威武的力量之外，并且是密教增益法中的重要本尊。因此，毗沙門天王不只被稱爲多聞天王，更被視爲財寶天王，藏傳的密教行人更視之爲財神的本尊，能賜予無盡的資財。

毗沙門天王一般的造像都是神王形，通常都作披着甲冑戴冠相，右手持寶棒，左手仰擎寶塔，脚踏二鬼。毗沙門天王除了爲四天王之一外，亦被單獨尊崇，當財神供奉。

187. 四大天王之三　西方廣目天王

三十九、法海寺壁畫二十諸天之一

法海寺位於北京市石景山區，翠微山南麓。壁畫全稱爲《帝釋梵天禮佛護法圖》。畫面位於殿内北墻左右兩側，全長14米，高3.2米，繪二十諸天像，全圖共有36個人物，人物高1.2米至1.6米。

此圖是北墻西側，畫面長7米，高3.2米，繪有部分二十諸天。依畫面自右至左排列順序爲：閻摩羅王、金剛密迹、散脂大將、鬼子母、月天、辨才天、菩提樹天、西方廣目、北方多聞、帝釋天等。

今根據有關經典對諸天略作解釋，其他如牛頭、長髮鬼、小孩等侍從均不作解釋。

1. 閻摩羅王天：是梵文的音譯，意譯爲雙王。原爲印度神話中管理地獄的主長，有時亦爲餓鬼道的主宰。佛教沿用其説，稱爲管理地獄的魔王。漢化後，多爲濃眉鉅眼虬髯王者相。

2. 金剛密迹：又稱金剛力士、金剛夜叉等。釋迦牟尼成佛後，常有五百執金剛（手執堅固武器的藥叉）隨從侍衛。其主領者即金剛密迹力士，手持金剛杵（降魔杵）。

3. 散脂大將：此尊別名爲半支迦，譯作密神，曾納鬼子母爲妻室，生五百子。爲毗沙門天之眷屬，是八大將之一，管領二十八部衆，身着甲胄，左手持金剛戟，表力大無窮。

4. 鬼子母：譯爲愛子母、歡喜母等，原爲婆羅門教中的惡神，專啖食小孩，稱之爲"母夜叉"。被神話後，稱爲專司護持兒童的護法神。

5. 月天：梵名爲戰捺羅，又叫月寶天子，或寶吉祥天子等，屬十二天之一。是大勢至菩薩的化身，原爲男相，漢化後爲青年后妃相。

6. 辨才天：是梵天之后妃主智慧福德之天神。聰明而有辨才，又司音樂，故另名妙音天、美音天等。

7. 菩提樹天：原爲印度教的地神，守護菩提樹的天女。釋迦牟尼在菩提樹下打坐成道時，如遇下雨，她就用樹葉做傘爲佛擋雨，是最早的護法神。有一侍女爲之舉幡。

8. 西方廣目天：爲護世四天王之一，專守護西方，即護持西牛賀洲。他能以净眼觀察護持世界，故名廣目。

9. 北方多聞天：四大天王之一。別名毗沙門天，此天原爲婆羅門教之神，名爲金毗羅。主掌黑暗界事務，後來皈依佛法，化爲光明神，最後爲施福護財善神。因他常護如來道場并聞法，故名多聞天。又爲北方守護神。

10. 帝釋天：直譯爲天帝。傳説在古代印度的神話中，此天是時常被提及的神，他常與阿修羅交戰，極其勇猛神武，一度投入佛法，爲忉利天之主神，住須彌山頂上之善見城，能統轄三十三天。來中國漢化後，帝釋天常作少年帝王相，男人女相，後又作女后相。

四十、法海寺壁畫二十諸天之二

　　此圖在北牆東側，畫面長7米，高3.2米，繪部分二十諸天。依畫面自左至右排列順序為：娑羯羅龍王、韋馱天、堅牢地天、摩利支天、日天、功德天、大自在天、南方增長天、東方持國天、大梵天等。

　　1.娑羯羅龍王：在佛教中為護法天神，漢化後為中國式的龍王，作帝王相。

　　2.韋馱天：譯作陰天。韋馱天是南方八大將之一，是四天王及三十二將的主位。受佛令，完成佛教護法大任，統帥東、南、西三州，主利生化益，救濟一切眾生為其本誓，古來欲建伽藍之場合，須先安奉此神像。

　　3.堅牢地天：是梵文的意譯，音譯為比裏低毗。原為婆羅門教中的地神，男相，曾為釋迦牟尼的福業作過證明，是佛教的護法天神，漢化後，作女后相。

　　4.摩利支天：梵文的音譯，意譯陽焰光天。原為印度神話中的光明女神。她常行日前，日不見彼，彼能見日，能利用隱身法救人苦難。在佛教中為護法天神。

　　5.日天：日天譯作日宮天子、寶光天子等。十二天之一，原為印度太陽之神格化，能遍照四天下及四大洲，與守夜之月天子，兩兩相對，隨從四大天王。在佛教中為護法天神，主司乾坤運轉。後漢化為帝王相。

　　6.功德天：是梵文至意譯，又名吉祥天女，音譯摩訶室利。原為婆羅門教中命運、財富、美麗女神，掌管財富，散布吉祥，有大功德，故名。在佛教中為護法天神，漢化後作為后妃相。

　　7.大自在天：音譯摩醯首羅天。是三千大千世界之主，是造化一切萬物的主宰者，凡人間所受之苦樂悲喜，悉與此天王之苦樂悲喜相一致。此天喜時，一切眾生均安樂。此天嗔時，一切眾生均受苦患。如果世界毀滅時，一切的萬物均歸於摩醯首羅天宮。原為婆羅門教主神之一的濕婆，在印度神話中是毀滅之神，又是苦行和舞蹈之神。在佛教中他為護法神，為鎮東北方神。

　　8.南方增長天：此天為護世四天王之一，梵音毗樓勒叉，或毗流馱伽，主守護南瞻部洲，常住須彌山第四層之南琉璃埵天宮。諸雍形鬼、餓鬼等為其眷屬。

　　9.東方持國天：亦是四大天王之一，專守東勝神州地域，其梵名為提頭賴吒，譯作持國、或安民。其常住天宮，是須彌山的第四層，在東勝神州的黃金埵。此天能護持國土，率領諸癲狂鬼、香陰神將等，主樂神。

　　10.大梵天：譯作清凈，原為印度教之主神，是創造天地的主宰者，即創造一切，又是毀滅之神。在佛教中大梵天是色界諸天之王，為釋迦佛的護法天神。

四十一、觀世音菩薩男性說略考

有關觀世音是男是女，歷來說法不一，有經典記載，也有民間傳說。現根據各種經典作說明，以供參考：

據《華嚴經》載："見岩谷林中金剛石上，有勇猛丈夫觀自在，與諸大菩薩圍繞說法。"這勇猛大丈夫自然是男身。又據《悲華經》載："天竺有轉輪聖王，名無淨念，王有千子，第一王子名不眴，即觀世音菩薩；第二王子名尼摩，即大勢至菩薩；第三王子名王象，即文殊菩薩；第八王子名泥圖，即普賢菩薩。"不眴王子曾在佛前發願："願我行菩薩道時，若有衆生受諸苦惱、恐怖等事，退失正法，墮大暗處，憂愁孤窮，無有救護，無依無舍，若能念我，稱我名號，若其爲我天耳所聞，天眼所見，是諸衆等，若不免其苦惱者，我終不得阿耨多羅三藐三菩提。"於是寶藏如來當衆爲不眴太子授記說："善男子，汝觀天、人及三惡道一切衆生，生大悲心，欲斷衆生諸煩惱，欲令衆生作安樂故。"善男子，今當字汝爲"觀世音"。

根據這一記載，觀音當是男子無疑。再據《觀世音菩薩授記經》云："昔金光獅子游戲如來國，彼國無女人，王名威德；於園中入三昧，左右二蓮花生二子；左名寶意，即觀世音；右名寶尚，即大勢至。"還有明代萬曆年間，胡應麟在《少室山房筆叢》中引王世貞《觀音本記》的話，也證明唐代以前的觀音絕大多數是男性打扮，而且《太平廣記》和《法苑珠林》亦說觀音是男性。

觀世音是大菩薩，其本相狀當然是大丈夫相。然而隨類示現，自然也可以化身成種種不同的樣子，女相只不過是其中的一類而已。習俗及外道，誤傳觀音爲女性，而且以妙莊王的三女兒妙善公主得道示現觀音的說法，當成正史，這實是一種誤傳。比如在中國唐代以前，以及日本、韓國的觀音像中多數是男相，而且有胡須。

四十二、觀世音的早期造像與女性觀音出現

觀音：據法雲的《法華義記》第六記載："觀音，即觀世間音聲，觀衆生身業，觀衆生意業的三個名字，總稱觀世音。"在唐代因避唐太宗李世民諱略稱觀音。

在我國最初觀音造像，始建於漢末四川彭山崖墓碑。其陶座全高爲20.4厘米，下部雙龍銜璧，其上浮雕一佛二菩薩。一佛爲釋迦，二菩薩即觀音和大勢至。到東晋佛教造像大興，處士戴達也在山陰靈寶寺作了阿彌陀佛和觀音、大勢至菩薩像。敦煌石窟四十餘壁《法華經·普門品》的壁畫中，表現依觀世音爲主角的就佔了半數以上。大致東晋以前，觀世音像多爲男性。

東晋以後，開始有女性觀音出現。據《胡應麟筆叢》説："女性觀音造像始於南北朝。"根據《南史》記載：南朝陳後主之皇后沈氏於陳之後入隋，隋之後進入天寧寺爲尼，以觀音爲名，唐代藝人便以她的形貌作觀音像，從此盛行。又據唐初李百藥的《北齊書》載：南北朝時北齊武成帝抱恙，夢見觀世音是位妙齡女子，相貌和善，娟好秀美。

從那時起，民間女性觀音造像便開始出現。北魏時期河南洛陽龍門石窟的"楊枝觀音"像爲女像特征基本定型，而且定形爲貴族婦女相。頭戴鳳凰寶冠，蓄垂肩長髮，豐潤的圓臉，長而彎的美眉，挺直而端莊的秀鼻，小巧好看的朱唇；上身橫披天衣飾，袒胸露背挂瓔珞，戴項飾；下身着錦綉羅裙，神情嫵媚，儀態華貴大方。這一貴婦觀音形象，自唐以後基本保持，没有大的變化。

四十三、一葉觀音

　　三十三觀音之一。因爲觀音菩薩坐於一葉蓮花之上，而得此名。佛經講蓮瓣爲葉，千葉蓮即千瓣蓮，一葉蓮即一瓣蓮，故又名"一瓣蓮觀音"。一葉觀音聖相特征是：菩薩乘一瓣蓮花，取立姿浮於水上，作漂游狀，神情自若，莊嚴慈祥；坐姿作遊戲坐，或雙脚合攏作善跏趺坐，又稱倚坐；手持蓮花或者如意。歷代文人畫家均喜作一葉觀音圖，意在表現觀音菩薩爲普濟眾生，不顧辛苦，在風浪中乘"一瓣蓮花遨九州"的主題思想。少林寺方丈院內有一幅元代大德八年的石刻綫畫"一葉觀音"。圖中一葉觀音位於圓月之中，頭戴花冠，倚卧在一葉蓮花瓣上，花瓣如小舟，輕飄於湖上，柳瓶琥珀碗，隨后浮行。上有彩雲弄巧，彎月如眉，觀世音菩薩舉目仰望，意態安祥。圖下刻有少林月嵒法師首讚："幻人呈幻事，依幻非真相，真滅幻亦滅，了無相可得。"頗有禪宗解悟人生哲理之意。《法華經·普門品》中記載："若遭逢大水之灾，只需喚其名號，即可疏散至淺顯之處。"據此，一葉觀音成了普門品中的"救水難之身"。

四十四、觀音與十八羅漢

據説從前，舟山有座很大的寺院，寺裏有不少田産。當家和尚雇了十八個年輕力壯的后生耕種田地。這十八個后生一年到頭粗衣淡飯，竭盡辛苦。觀音大士有心引渡他們皈依佛門，便變作一個老婦，到寺院裏燒飯。

全寺三百二十七個和尚，再加十八個長工，燒飯的活很繁重。飯鑊像七石缸，鑊蓋像大圓盤，揭蓋要用滑輪。可觀音一點也不忙，一日三餐，每餐都准時開飯，而且飯菜噴香，從來不焦不糊。那十八個長工看到燒飯的老婦人這麼大年紀能干這樣繁重的活，感到很奇怪，他們想難爲難爲她。一天，他們趁老婦人到外邊搬柴的時候，蹓進伙房，將一土箕黃沙倒進飯鑊。觀音搬柴回來，眼睛只一瞟，便知道有人做了手脚。她拿起一把銅洗帚，揭開鑊蓋，説一聲："漏沙勿漏水！"往鑊底戳了一陣，黃沙便統統漏出鑊底，水却一滴未漏，燒出飯來照樣香噴噴。

十八個長工收工回來，想看觀音的笑話，誰知盛起飯一吃，不見一粒泥沙。他們你看看我，我看看你，好不奇怪。觀音走過來説："有勞諸位師傅，老身多謝了。"長工們問："我們幫你什麼忙了，要你來道謝？"觀音説："師傅們不是幫我搬來黃沙，洗了一回鑊嗎？"長工們吃了一驚，嘿，我們倒黃沙，她是怎麼知道的？其中一個后生跳起來説："你別得意，敢來取笑我們！我們十八個年輕力壯的后生，難道還鬥不過你一個燒飯的老太婆嗎？"觀音也不生氣，笑笑説："好吧，你們不服氣，就再試試好啦。""你説吧，怎么試？"觀音説："寺院后面有一座山，山后是萬丈溪坑。今朝夜裏，你們在山上建座塔，我在溪上架座橋，鷄啼爲止，看誰先造好。"長工們都説好。事情就這樣定了下來。

吃過夜飯，十八個長工當即去搬磚運瓦，到山上建塔。觀音却慢吞吞地在伙房裏洗刷。到了三更時分，十八個長工已忙得滿頭大汗，觀音才來到溪邊。觀音站在岸上，輕輕一招手，溪坑兩邊立即游出兩條龍來，作出二龍搶珠模樣。觀音用手指一點，兩條龍凝住不動了。觀音走過去，把兩條龍的舌頭牽攏來，頭上拔下玉簪，在兩根舌頭當中一戳，一座橋就搭成了。這座橋后人稱爲"舌梁橋"。

鷄啼了，十八個長工忙得精疲力盡，大汗淋灕，塔還沒有建成。他們來到溪邊，看到那座舌梁橋，都驚呆了。要不是天上神仙，誰能架出這樣的橋來呀？他們跪在觀音面前，齊聲説："活菩薩，寬恕我們冒犯之罪吧。"觀音説："實不相瞞，我便是南海觀音，特來度諸位的。你們願意跟我皈依佛門，共修正果嗎？"十八個長工都説願意。就這樣，他們隨觀音大士到了普陀山，修成十八羅漢。

四十五、尋聲救苦觀音

尋聲救苦觀音乃中國民間人士創造，宋代畫家張勝溫繪有一長卷《梵像卷》。作者根據觀世音菩薩的顯化事迹，創造出各種不同的法相，如《白水精觀世音》《救疾病觀世音》《四十八臂觀世音》等，《尋聲救苦觀世音》是其中一尊。此尊觀音法相對後世影響很大，直至近現代，仍常可以看到此尊觀音像的摹本。佛教認爲：人世間的一切都是苦的，生活在這個世界上的人們，要遭受惡的、有毒的事物的侵害，要産生出諸多的煩惱。啼饑號寒，求生祈命的痛苦呼聲，總是不斷。苦難的種類很多，佛教説苦一共有八種：生、老、病、死、愛別離苦、求不得苦、怨憎會苦、五蘊熾盛苦。聖嚴法師在《學佛的基礎》中説："觀世音，就是細心地、深入地觀察着，尋找着世界上一切苦難的呼救聲音。"世上所有的男女老少，凡遇到灾難時，只要誠心誠意稱念觀世音名號，請求救助，觀世音菩薩就會以大無畏的精神，用適當的化身，救衆生脱離苦難。正如《法華經·普門品》所説："應以何身得度者，即現何身而爲説法。"所以説觀世音菩薩的名號含義，就是大慈大悲，尋聲救苦，無處不現身。民間所見的尋聲救苦觀音的形象有多種，如海島岩畔，觀世音立於一瓣蓮葉上或一瓣蓮花上，雙手置於胸前，右手持念珠，神情專注，仿佛在認真傾聽，又仿佛在找尋衆生呼救的聲音。此尊觀音法相深受歷代文人雅士的喜歡與尊崇。

四十六、灑水觀音

三十三觀音之一。又名"滴水觀音"。灑水亦稱"灑淨"，即取灑水器以散杖灑香水於壇場使得清淨。此爲密宗之修法。"散杖"，灑水用具，本用小束茅草，然后世代之以梅枝。灑時醮水右旋而灑。灑水觀音與淨瓶觀音有關。"淨瓶"又稱"寶瓶"，内盛淨水，象征淨化身心。"淨水"又稱甘露水。觀音手持灑水器，當以梅枝或楊柳枝醮水灑向人間，或救旱災而降雨，或除病害而降魔。菩薩灑向人間的甘露之水，不僅爲久旱不雨之地降雨減災，而且還爲世上爭權奪利、禍害百姓的惡人頭上澆一冷水，使其猛醒，做些好事，以免被刑之悔遲。觀世音菩薩遍灑甘露，令眾生了悟菩提，是代表慈悲爲懷，普灑佛法。灑水觀音法相主要有如下幾種：一、取立姿，右手執灑杖，左手執灑水器，作灑水之相。二、立姿，左手執柳，右手持寶瓶作灑水狀。菩薩將甘露之水灑向人間，以救眾生灾難。三、取坐姿，右手作説法印，左手持瓶作灑水狀。此乃普門品中"若爲大水"一句之象征。菩薩頭戴風帽，長長的披在肩上，身穿錦袍，半跏趺坐在岩石之上。灑水觀音是民間最普遍供奉的觀音聖像之一。

四十七、龍頭觀音

三十三觀音之一，以觀音駕乘龍頭之上而得名。龍在中國，向來被視爲四靈之一，能够善爲變化。佛經中所謂龍衆即龍神，狀如蟒，所以蟒蛇亦被稱爲龍。龍生活在水中，是水族中最有威力者，且常自海中取水上天，降雨於人間。龍衆是八部衆中最顯靈聖的神祇。觀音菩薩道場位於南海之中，根據中國傳説，海乃龍王之轄地，觀音站立於龍頭之上，意在使天下風調雨順，保四海太平無事。《法華經·普門品》中説："應以龍身得度者，觀音即現龍身而爲衆生説佛法。"龍爲衆獸之王，以此比喻觀音菩薩威神之力。流傳於世的龍頭觀音聖像有以下兩種：一、觀音立或坐於海中龍頭或龍背之上，波濤汹涌中龍頭露出水面，觀音立在龍背之上，手持净瓶向龍嘴灑水，是降龍或是戲龍。或者立於雲龍之上，作説法印，眺望大海彼岸。二、觀音立或坐於雲中龍頭或龍背之上，雲霧中有鉅龍騰飛嘯吼，觀音端坐龍背，俯視下方。或者立於雲龍之上，手持蓮花，凝視人間。在以上兩種龍頭觀音表現手法中，一般來説雲間乘龍多爲坐姿，海中降龍多爲立姿。傳説龍頭觀音顯化時，手執如意爪杖，頂上現出一條金龍。龍頭觀音中龍的造型均爲漢化之龍，即民間常見的中華之龍。

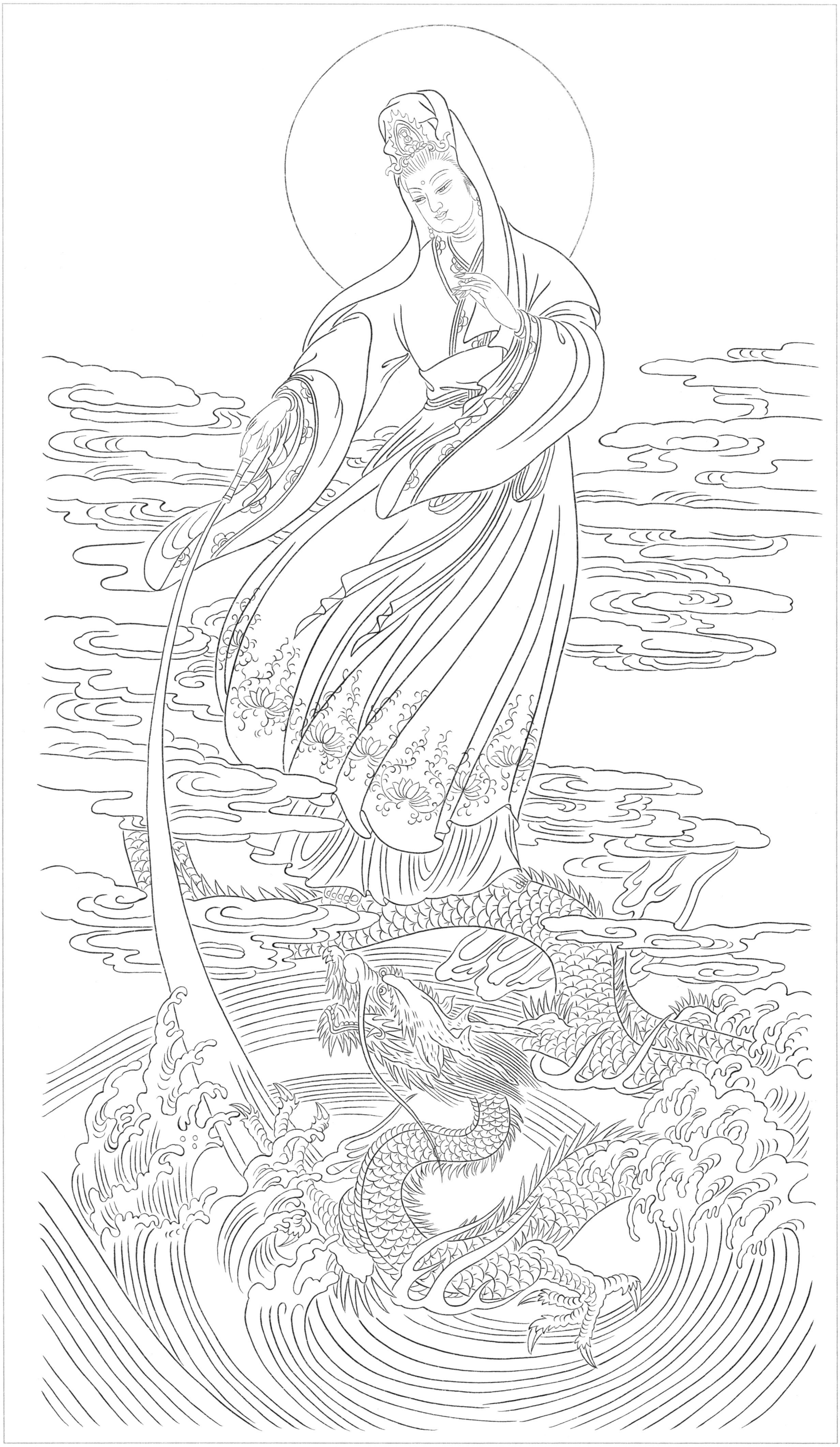

205. 龍頭觀音

206.乘龍觀音

四十八、觀音與龍王

在距今很遠很遠的年代，那時浙江海寧一帶還不是陸地，是一片汪洋大海，屬東海龍王管轄。當時靠海一帶多是漁村，村民也打魚，也種地。東海龍王脾氣暴躁，常常任性而爲，不管漁民死活。最壞的是他常常以禍害漁民爲樂。漁民駕船出海捕魚，龍王一來氣，就興風作浪，顛翻漁船，讓漁民葬身大海。還動不動就發大潮，衝決堤岸，淹沒漁村和農田。漁民百姓被弄得流離失所，家破人亡，不得安寧。

一天，觀音菩薩路過這裏，看到老百姓的苦況，一了解是東海龍王所爲，就去找龍王。菩薩赤脚走下海灘，迎着潮頭走去，喊龍王來見。龍王一見觀音，連忙向前施禮，問："大士今日來此，有何吩咐？"觀音説："先不説別的，你看我來到你這裏，赤脚走在泥灘裏，連立足之地也没有，你先爲我弄塊立足之地吧。"龍王説："這有何難，照辦照辦。"説着就從海底抓起一塊石頭，用手一指，一條鰲魚游了上來，龍王把石頭放在鰲魚頭上，立時變成了一座尖山。龍王説："大士，這山岩如何？你就在這山岩上歇息吧。"

觀音大士登上了鰲魚頭上的尖山，説："不錯，不錯，不過還是美中不足，這山岩雖好，也太小了，海大島小，太不相稱，讓我只有這立錐之地歇息，也太狹窄了。你龍王有的是海地，怎能這般小氣，不如索性再借我一箭之地，如何？"龍王一想，再借一箭之地，不過百十步罷了，那也無妨，就同意了。

於是，觀音菩薩就在山頂，向西引弓一箭。龍王估計大錯，没想到菩薩有神力，菩薩一箭一直射到了杭州龍山月輪峰才落下來，這就是造六和塔的地方。這一下龍王心疼了，他没有想到這一箭竟是方圓幾十里的地面，他舍不得了，面有難色。觀音見他猶豫不吐口，就拿出一件龍袍，對龍王説："你不要擔心，我用這件龍袍作抵，我只是暫借你這一箭之地，到時候我還你地，你還我龍袍。"觀音的龍袍金光閃閃，華貴富麗，價值連城。龍王一看，心裏也喜歡就同意了。於是，他又從海底托起一塊土，放在鰲魚背上和尖山連成一片。然后，龍王接過龍袍，高興地回水晶宫去了。從此，就有了海寧這一帶的陸地。

龍王爲什麼那般得意洋洋回宫呢？原來他也有心機，他也不傻。他所以答應觀音的要求，借了那塊地給觀音，一是這塊地換了件珍貴的龍袍，即便不還，也不算吃虧。再則，他把土放在鰲魚背上，這鰲魚哪能老實不動，只要一翻身，土地就會再掉進大海，還是他的。真是機關算盡太聰明。果然如此，鰲魚背上放着一大塊土地，哪能好受。這鰲魚於是拼命挣扎，要甩掉背上的土地。觀音見鰲魚很不安分，拼命動彈，那土地眼看要被掀掉。觀音一想，好不容易借來的地怎能丟掉，你龍王心眼太多，我今日要讓這鰲魚老老實實，讓你龍王的如意算盤落空，讓這裏的百姓真有一塊寶地安居樂業。於是，菩薩顧不得穿鞋，一雙赤足踏在鰲魚的頭上，一使神力，鰲魚就再也動彈不了啦，老老實實定在了那裏。觀音見龍王回宫，自己也高高興興的駕祥雲回普陀山，留下一個替身在鰲魚頭上。從此，這化身就永遠留在了那裏，鰲魚也永遠不再翻身。

龍王回宫后，高高興興地拿起龍袍試穿，誰知一打開，龍袍的袖子就掉了，再一拎，領子也脱下了，氣得他大發雷霆，當場召來十萬水族，浩浩蕩蕩，掀起衝天大浪，直撲錢塘江而來，找觀音算賬。但是，"出海觀音"却只站在尖山上微笑，不管龍王生氣叫喊，一句話也不搭腔，龍王對着"出海觀音"叫罵了一陣，對方不和自己吵，相罵無對手，再想想，自己真要和觀音大士鬥，觀音大士真要生氣，自己根本不是對手，罵了一陣，也就偃旗息鼓，回東海去了。

四十九、魚背觀音

　　魚背觀音爲民間常見的觀音法相之一，因觀音立於魚背之上而立名。一般認爲此尊觀音源自魚籃觀音或鰲魚觀音。魚與佛教有緣，《三寶感應録》上載："執獅子國西南有魚，能作人語，唱'南無阿彌陀佛'，因名阿彌陀佛魚。人唱阿彌陀佛時，則魚喜近岸，人取食之，味甚美，謂是阿彌陀佛化身。"魚與菩薩之佛典見於《智度論》："菩薩發大心，魚子菴樹華；三事因時多，成果時甚少。"這是以魚子作比喻，謂世人身、口、意三方面多煩惱、多垢惑、多不修妙行的因素太多，因而成正果者稀，比如魚子一樣，生下來雖然很多，但成活者少。佛教傳説中的"八吉祥"寶物中有"雙魚"，喻幸福、闢邪。歷代文人墨客喜歡畫立魚背上之觀音像，想必與上述不同説法有一定關係。表現魚和觀音菩薩在一起，民間通常會認爲是教人放生、護生的思想。在佛教中有五戒、八戒、十戒等戒律，其中"不殺生"列爲第一條。每年農曆四月初八，民間有放生節。這一天，人們紛紛買魚、龜、螺、蚌、雀放生，以示護生。民間供奉的魚背觀音造像特征如下：有的如仕女像；亦有天衣嚴身、瓔珞寶冠於一體的，立於大海中魚背之上；有雙手置於胸前；亦有左手似扶在右手上面，雙目平視，神態慈祥可親。

五十、觀音與四大天王

　　觀音菩薩收了善財和龍女，普陀山的香火更加興旺，成了遠近聞名的"海天佛國"。

　　守衛南天門的四大天王聽說以后，決定去看看。於是四大天王各持兵器，駕祥雲飛臨普陀山。他們威風凜凜來到千步沙灘，按落雲頭，沿着玉堂街觀賞山景。一路上，但見古柏參天，花草蔥郁，梵剎林立，寺院宏偉，他們被這海天佛國景色迷住了，覺得果然名不虛傳，不由得心中暗暗嘆服。他們邊走邊看，盡情欣賞，不覺多時已到了午飯時刻，就四下尋找布施齋飯的地方，卻怎么也找不到，他們全都餓得饑腸轆轆，四大天王在天上神氣慣了，遇到這種情況，全都不耐煩了，紛紛罵起娘來："什么大士，不識抬舉，俺四大金剛駕到，也不來接駕。等一會見到她，非給他點顏色看看不可！"

　　觀音菩薩早就知道四大金剛到來，聽他們叫罵心中暗暗好笑，隨即想起了一個主意。

　　四大金剛正在叫罵時，忽見到前面紫竹林裏冒出一股濃烟。四個人立即向紫竹林奔去。找來找去，發現有一又低又矮的小屋。隔着門縫往裏看，屋裏有一少婦正在燒火做飯，婦人大約三十多歲，面目清秀，神態安祥莊重。四大金剛聞到飯香，便顧不得了，前往敲門說："小娘子，我們是天界四大金剛，求你將這鍋飯施舍給我們吧。"

　　那婦人并不感到吃驚，說："你們進來吧。這鍋飯就是給客人准備的。够你們四個人吃的。"

　　四大金剛正想進屋，但四人身材高大，小屋低矮，在自己膝下，怎么進得去，不由得都感到爲難，只見婦人却含笑催他們："你們進來吧。怎么不進來呀？"四個人爲了吃飯，只好一個個低頭彎腰往屋裏擠。說也奇怪，他們一進門，那小屋也變大了，一點也不狹窄，非常寬敞舒適。婦人讓他們在桌子四周坐好，說："我給你們盛飯。"

　　一位金剛說："小娘子，我們兄弟都是大肚漢，又都餓壞了，請多施舍一些，看你那小鍋，怕不够我們吃的。""四位將軍只管放心，別看這鍋小，鍋裏的飯是够你們吃飽的。"那婦人邊說邊盛好飯，端到桌子上。又說："你們吃完了，鍋裏還有的是飯，自己再盛就是了，我到外邊去洗衣服，不陪你們。"然后提着一個籃子出去了。

　　四大金剛緊忙吃飯，一邊吃一邊往飯鍋裏看，心想這么一小鍋够誰吃，所以都想趕快吃好早點去盛，白臉金剛吃得最快，幾下子一碗飯就進肚啦，然后就走到竈前揭開鍋蓋要盛飯。可是怎么也揭不開鍋蓋，他干脆放下碗用雙手去揭，但拼了最大力氣，鍋蓋還是絲毫不動。白臉金剛弄得臉紅脖子粗，站在那裏發愣。黑臉金剛吃完趄來盛飯，看到白臉金剛揭不開鍋大加恥笑，讓白臉金剛閃開，於是他叉開雙腿，鼓足勁，抓住蓋柄，猛往上拔，但還是揭不開，用力過猛，手一滑，跌了個仰面朝天，氣得直罵。其他兩個過來，也同樣失敗。後來，四大金剛一起動手喊號，像拔蘿蔔一樣拼命使勁，但鍋蓋紋絲沒動，四大金剛忙了半天，累得氣喘吁吁，癱倒在地上，動彈不得，好不狼狽。這時，房門開了，婦人走進屋來看到四大金剛躺在地上，一個個呲牙咧嘴，心中暗自好笑，但裝出驚訝的樣子説："四位將軍吃飽了，躺下休息了？"

紅臉金剛一聽，忙説："不不，我們只吃了一碗飯，還沒吃完。"婦人説："你們怎么不吃完呢？你們別看鍋小，那裏面飯有的是，你們怎么不盛着多吃呢？"紅臉金剛説："我們去盛飯，可是，那鍋蓋揭不開。"婦人説："怎么，小小鍋蓋，四位將軍沒有打開？四位將軍都是有名的天將，力氣蓋世，怎么會打不開鍋蓋？"四大金剛回答不上來，都感到很尷尬，面面相覷，心裏發慌。大家正尋思，只見婦人走到竈前，伸出手，輕輕一提，就揭開了鍋蓋，説："鍋蓋很好開嘛，四位將軍，請再用飯吧。"

四位金剛愣愣地看着婦人開鍋蓋，輕輕鬆鬆，回想他們費了那么大的勁也未打開，感到不可思議。還是白臉金剛機靈，一下子悟出了道理，知道這婦人不是等閑之人，就大聲説："哦，我明白了，你就是觀音大士，怪我們兄弟有眼不識泰山，請菩薩恕罪。"其他三個金剛也高聲説："請菩薩恕罪，饒我們無知之輩。"他們都在婦人面前跪下，連連叩頭。觀音大士含笑説："四位將軍起來、起來，吃飽飯再説。"吃完飯后，四大金剛説："謝謝大士，我們今日蒙菩薩慈悲，感恩不盡，現在，請大士放我們回天庭去。"觀音大士説："四位將軍還想回去呢？四位將軍回去可以，但是，四位將軍過去名震天庭，今日在這裏連一個小小鍋蓋也揭不開，出了這么大的丑，還有什么臉面回去嗎？天兵天將還會尊重你們，不笑話你們嗎？我看，你們不如就留在我這裏，你們看如何？"

原來，觀音菩薩得知四大金剛要到普陀山來，心裏就想，普陀山正好缺護法神，若能留下四大金剛，是最合適不過了。於是觀音菩薩就定下這個計策，挫敗四大金剛的傲氣，以便讓他們留下來。四大金剛聽觀音大士這么一説，一個個啞口無言，確實感到再沒臉回天庭。通過此事，他們認識了佛法威力，看到了觀音大士的無比神通，十分佩服觀音大士，也就一個個順水推舟，決定留下來隨觀音學佛法，護衛普陀佛國。從此，天王殿左右兩側便出現了威武雄壯的四大天王塑像。

五十一、獅吼觀音

獅吼觀音又名"騎吼觀音"，是民間常見的觀音法相之一，因觀音騎坐於吼狀獅子之上，故名。又稱"獅子無畏觀音"。此尊觀音與阿摩提觀音有一定關係。獅子有威嚴的外貌，在古印度佛教中被視爲神獸，佛寺神聖建築的守護者。因獅子產於南亞，故中國古代繪畫中無獅子圖。《東觀漢記》載："疏勒國王獻獅子，似虎，正黃，有髯鬣，尾端茸毛大如斗。"然而，中國古代畫家繪製的獅子則多加美化，已非原形。漢地佛教創造的騎吼觀音，其獅子造型十分奇特，頭胸如龍、如麒麟，顯然是從中國古代瑞獸中衍變而來。獅頭向上作吼狀，觀音則安然坐於其背上，左腿屈起，右腿放下，神色悠然自得，穩如泰山。山西五臺山佛光寺東大殿有一尊唐代騎吼觀音彩塑像，觀音端坐於吼獅之上，雙手持蓮花。騎吼觀音多見於宋代和明代，其法相坐姿，多爲安逸坐、輪王坐、吉祥半跏坐和降魔半跏坐。藏傳密宗供奉有"獅吼觀世音"，其法相特征是：觀音作左舒坐姿，坐於吼狀獅子身上，左手持蓮花，右手持三叉戟，戟柄上盤有長蛇。《大悲心陀羅尼經》中有"地利尼"梵語，意譯爲奇勇、寂滅摧開的意思，此乃觀世音現獅子王身相，意在使衆生消除灾禍。

213.獅吼觀音像

五十二、十一面觀音

十一面觀音，別名大光明普照觀音，爲密宗六觀音之一，梵名爲噎迦娜舍目，譯作十一面，密號爲慈愍金剛，頭上的十一面中，左右十面係表示因位的十地。最頂一面，表示十一地佛果，以便使一切衆生轉無明爲十一品得十一地佛果，此尊形象即依其所成就的圓滿功德，把它具體化而成的。

此尊位於胎藏界曼荼羅蘇悉地院北端。其十一面觀音的手臂有種種不同配置，有二臂、四臂、八臂等不同。其頭面亦有不同。據《十一面觀音經》載："前三面作菩薩面，左三面作嗔面，右三面似菩薩面，白牙上出，後一面作大笑面，頂上一面作佛面，面部悉向前，着後光，各面均戴華冠，各華冠中有阿彌陀佛。"

又據《十一面觀自在菩薩心密言念誦儀軌經》卷上載：以堅好無隙的白檀香雕觀自在身，長一尺三寸，作十一面，四臂。右邊第一手是施無畏，第二手執念珠；左邊第一手持蓮花，第二手執軍持。其十一面前三面作寂靜相，右三面利牙出現相，左三面作笑怒相，最上一面作如來相，頭冠中各個有化佛。

五十三、四臂觀音

四臂觀音是密藏大悲觀音的主尊，代表大悲、大智、大力，是密乘行者必修的法門，與文殊菩薩、金剛手菩薩合稱"三族性尊"，居雪域怙主地位，是藏密和藏地的首位依怙尊。

四臂觀音像一面四臂，身白如月，頭戴五佛冠，黑髮結髻。中央二手合掌於胸前，捧有摩尼寶珠，右下手持水晶珠，左下手拈八瓣蓮花，與耳際齊。面貌寂靜含笑，以菩薩慧眼凝視衆生，凡被觀者都能盡得解脱。其身着五色綢緞衣裙，腰係寶彩帶，全身花鬘莊嚴，雙跏趺坐於蓮花月輪上。

四臂觀音的一首代表法界一味，四臂表示發心四願，身白色表自性清净無垢，不爲煩惱、所知二障所障。

在時輪院和歡喜金剛院中，其形象有四頭，爲藍、白、紅、灰色，有四臂二腿，身體爲藍色，兩脚踏卧之男體像。另一種是坐像，慈祥和藹，前兩臂之手作開敷蓮花合掌，後二臂右手持念珠，左手持優鉢曇華。爲藏傳佛教本尊之一。

五十四、千手千眼觀音

六觀音之一。密宗稱"千手千眼觀音"，天台宗稱"大悲觀音"。又名"千眼千臂觀世音"，簡稱"千手觀音"或"千手"。千手意喻菩薩法力深廣，無所不能；千眼意喻菩薩觀照一切，無所不察。據《千手千眼觀世音菩薩廣大無礙大悲心陀羅尼經》記載：觀世音過去是千光王靜住如來弟子，如來爲他講《大悲心陀羅尼》，并對他說："汝當持此心咒，普爲當來惡世一切衆生作大利樂。"弟子發誓道："若我當來堪能利益安樂一切衆生者，令我身千手千眼具足。"一發此願，頓時長出千手千眼，而且十方所有佛都放光照觸其身，從此他便成千手千眼觀世音菩薩。觀音具有千手千眼，表示能圓滿無礙普渡一切衆生。若有衆生供奉此尊菩薩，誦持該菩薩所傳的大悲神咒，那么此菩薩將以千手護持，千眼照見，并能息災避禍，降伏邪魔。唐代以後，密宗興起，千手觀音聖相在中國、日本許多寺院中逐漸作爲主像供奉。千手觀音法相有繁簡兩種形式，繁式實有千手：法身八手，二手合掌，餘各持法器；報身四十手，二手合掌，餘各持法器；化身九百五十二手，分五層或十層作孔雀開屏狀後插。以上合千手之數，手中各有一眼，是爲千眼。簡式爲：常具兩眼兩手外，左右各具二十手，手中各有一眼，共四十眼。此四十各各入於二十五有，恰合一千之數。菩薩頂戴寶冠，冠下垂紺髮，頂上有三面、四面、十一面、二十七面等多種，冠中有阿彌陀佛像，其像多爲立姿。千手觀音在民間是大衆最爲熟悉、最爲崇拜的觀音聖相之一。

據《千觀眼秘密記》載："此尊爲救度衆生，故具千手千眼。"現以四十手來說明千手千眼觀世音菩薩的功德。四十手分爲五部分：即一、如來部；二、金剛部；三、寶部；四、蓮花部；五、事業部。每部中各配有八手，五部中各有一法。即①息災法：如來部用化佛手、羂索手、施無畏手、白佛手、榜排手、戟稍手、楊柳手八種。②調伏法：金剛部用跋折羅手、金剛杵手、寶劍手、寶殿手、金輪手、寶鉢手、日摩尼手八種。③增益法：摩尼部用如意珠手、寶弓手、寶經手、白蓮手、青蓮手、寶鐸手、紫蓮手、蒲桃手、八種。④敬愛法：蓮花部用蓮花合掌手、寶鏡手、寶印手、玉環手、胡瓶手、軍持手、紅蓮手、錫杖手等八種。⑤鈎召法：羯摩部用鐵鈎手、頂上化佛手、數珠手、法螺手、寶劍手、寶篋手、髑髏、五色雲手等八種。

以上五法共四十手，所隨所欲，使一切所求都能如願以償。

五十五、准提觀音

准提觀音，又稱七俱胝佛母菩薩、准提佛母、天人丈夫觀音等。准提是清净的意思，表示此觀音的心之清净、皎潔；她是蓮花部諸尊之母，故加佛母二字。俱胝當百千萬億講，七俱胝佛母，就是七百億諸佛菩薩之母的意思。此觀音常來世間交往，摧毀一切眾生之惑業，成就延命、除灾、求子諸願。

在胎藏界曼荼羅內，爲遍知院的一尊，密號爲最勝金剛，她的形象很多，常見的是三目十八臂像。

在十八臂中，各臂或結印，或持劍、持數珠、持金剛杵等物。據《七俱胝佛母所說准提陀羅尼經》記載，准提佛母身呈黃白色，結跏趺坐於蓮花上，身佩圓光，着輕穀衣，上下皆爲白色，有天衣、瓔珞、頭冠等莊嚴，十八臂皆着螺釧，面有三目。上二手作說法像，右二手作施無畏，第三手執劍，第四手持寶鬘，第五手掌上置俱緣果，第六手持鉞斧，第七手執鈎，第八手執金剛杵，第九手持念珠。左第二手執如意寶幢，第三手持開敷紅蓮花，第四手執軍持，第五手持羂索，第六手持輪，第七手執商佉，第八手持寶瓶，第九手掌上置般若梵篋。

以此尊爲本尊之修法，稱爲准提法、准提獨部法，能爲除灾、祈求聰明、治病等所修的法門。

五十六、白衣觀音

白衣觀音，梵名"Pandaravasini"，三十三觀音中的第六尊。意譯爲白處、白住處。又稱爲白處尊菩薩、大白衣觀音、服白衣觀音、白衣觀自在母等。

在《大日經疏》卷五中記載："此尊常在白蓮花中，故以爲名。"又説，"白者即菩提之心，即是白住處也。此菩提心從佛境界生，常住此能生諸佛也。此是觀音母，即蓮花部主也。"

此尊位在密教胎藏界曼荼羅蓮華部院西北隅。密號爲離垢金剛、普化金剛。三昧耶形爲手持白蓮花或優鉢曇花。《大日經·密印品》記載，其印契爲兩手虛心合掌，二無名指屈於掌中，二拇指并屈觸着二無名指。此即表此尊爲蓮花部之部母，能生蓮花部諸尊。

據《觀世音現身種種願除一切陀羅尼》中説，供奉此尊觀音，應用白净細布畫觀世音像，觀音身穿白色天衣，坐蓮花上，一手持蓮，一手持净瓶。據説誦念《白衣觀音經咒》後白衣觀音就可出現，見到的人，心不生畏怖，而且能"隨其所欲，求願悉得"。白衣觀音聖像的特征是：身着白衣，處白蓮花中，均爲二臂，手持法器或手印契各不相同。有的左手持蓮，右手作與願印；有的左手持棒或羂索，右手持般若經篋；有的左手持開敷蓮花，右手揚掌；有的左手持寶劍，右手持楊柳；也有雙手捧鉢，站立於蓮臺上。《白衣大士神咒》是最著名的觀音經咒之一，常念誦可助攝心，誦此真言後，轉念消業，凡事化爲吉祥。

五十七、數珠觀音

數珠觀音，亦名多寶觀音。據説古時，江南一帶民風刁薄。世人不知禮儀，只重財利，貪心十足，爾虞我詐，奸淫盜殺，無所不爲。觀音菩薩痛心世風不古，便決定來江南進行點化。

他化作一個肥頭大耳的和尚，身上帶着及手拿大量金珠寶物，招搖過市，分外引人注目。他這樣出現在市鎮上，立時引來一幫地痞無賴，擋住和尚去路，并不懷好意地説："你是哪來的妖僧，大膽到我地招搖撞騙。你一個出家人怎么會有這么多金銀珠寶？莫非是搶劫來的？快快獻出，放你過去，要是不然，休想活命！"觀音菩薩則説："我哪有什么寶物，也不知世間什么才叫寶物，只有行善修心，才是真正寶物。"這幫無賴哪能聽進去這些，紛紛叫喊："你這刁和尚，胡説什么，你身上那些金珠玉翠就是寶物，不要耍賴，快快交出來。"觀音菩薩説："你們要這些東西嗎？我看這些都是糞土，貧僧正嫌他纍贅，你們看好什么就隨便拿。"説完就把那些金銀珠寶放在地上，那幫無賴一哄而上，搶了個净光，只留下一串婆羅子數珠，大家都不要，丟在地上。胖和尚拾起被丟的數珠，感嘆説："可嘆世人真假不分，没用的東西全拿走，一串修心養性的寶珠竟没人要，可見此地人没善根。"那幫無賴將搶去的珠寶拿到集市出賣時，都成了飛塵，隨風飄失。

這是觀音示現的一個故事，後人把這個典故又根據四川大足石窟的雕像而改繪成這幅觀音。

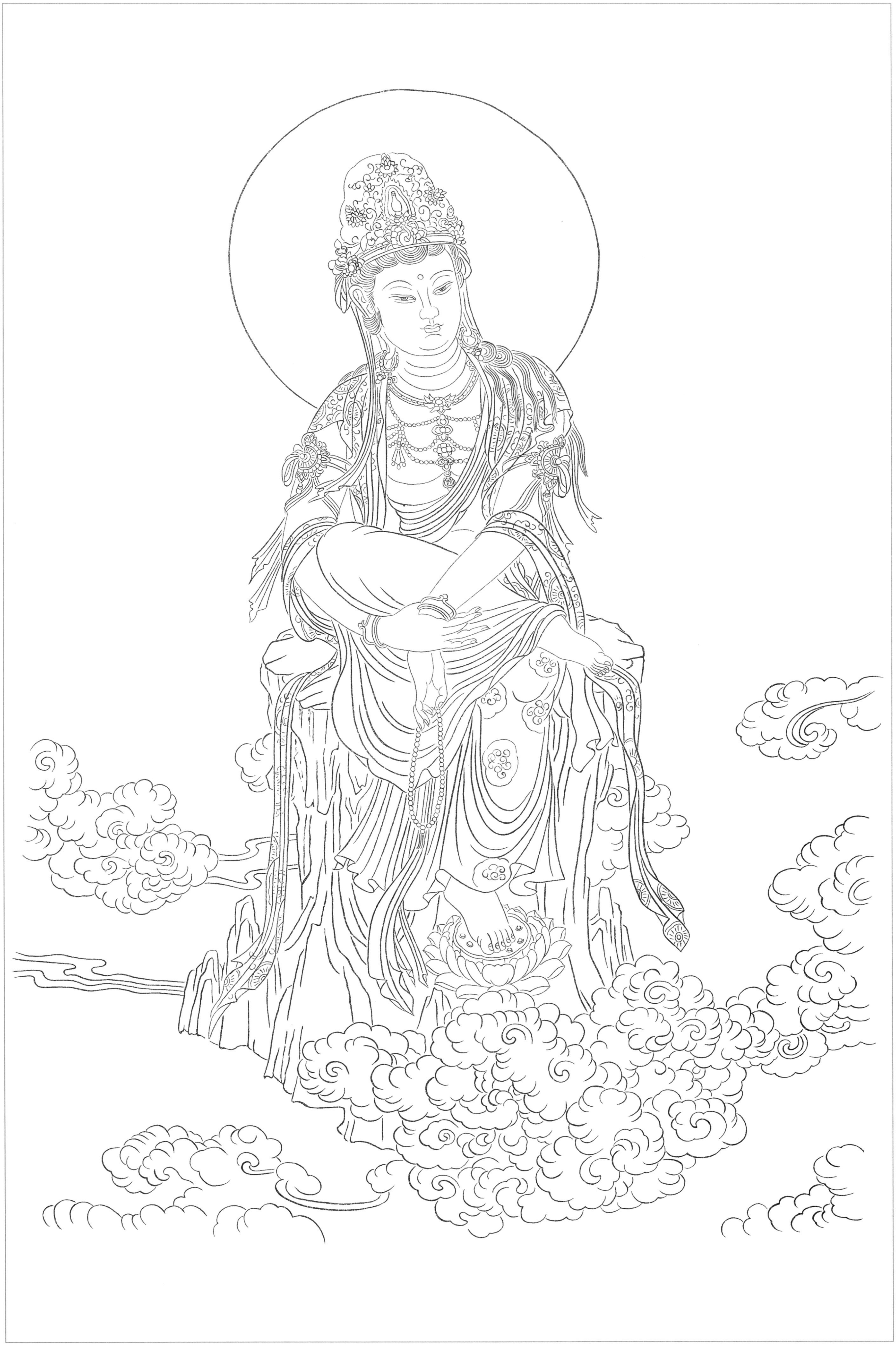

232. 數珠觀音

五十八、如意輪觀音

"如意輪"觀音爲六觀音之一，全稱如意輪觀世音菩薩，又作如意菩薩、如意輪王菩薩。此菩薩持如意寶珠及法輪，以廣濟一切衆生之苦，成就衆生之願望。如意寶珠，指世間之珍寶，及出世間寶相之寶，此二寶能令衆生生出福德。法輪，即轉法輪之意，能令衆生出智德。此菩薩安置於密教胎藏界曼茶羅觀音院中，密號爲持寶金剛，三昧耶形爲如意寶珠。其形象有二臂、四臂、六臂、八臂、十臂、十二臂等不同。其中，具有二臂之如意輪觀音像，爲密教以前佛像，與六臂如意輪觀音爲世人所供奉。

自古以來，即將此菩薩之六臂配於六觀音及六道，即：右方第一思維手配於聖觀音，地獄道；第二如意寶珠手配千手觀音，餓鬼道；第三念珠手配於馬頭觀音，畜生道；左手第一光明山手配於十一面觀音，阿修羅道；第二蓮花手配准提觀音，人道；第三金剛輪手配於如意輪觀音，天道。上述乃表示此菩薩之六臂，能救度六道衆生，拔苦與樂。此外，於諸經論中，尚有多種如意輪觀音之描述。此尊是根據敦煌千佛洞留有的六臂如意輪觀音之畫像而繪。

五十九、不空羂索菩薩

不空羂索菩薩全稱爲"不空羂索觀世音菩薩"，又稱"不空王觀世音菩薩""不空廣大明王觀世音菩薩""不空悉地觀世音菩薩""不空羂索菩薩"。

依《不空羂索神變真言經》所傳，在過去第九十一劫中，觀世音菩薩曾受世間自在王如來的傳授，而學得不空羂索心王母陀羅尼。此後觀世音菩薩即常以真言教法，化導無量百千衆生。因此，當觀世音菩薩示現化身，以此法救度衆生時，便稱爲"不空羂索觀音"。

不空羂索菩薩一名的"不空"是指心願不空之意，"羂索"原是指印度在戰爭或狩獵時，捕捉人馬的繩索。以"不空羂索"爲名是象征觀世音菩薩以慈悲的羂索救度化導衆生，其心願不會落空的意思。

所以此尊觀音的形象，雖然有一面八臂或三面六臂等多種，且手持羂索，有懾伏衆生的意思，但是其真正的寓意，則是誓願宏深的廣大慈悲。以經典所載，凡是能如法受持不空羂索心王母陀羅尼的人，現世可得無病、富饒、無橫灾等二十種功德，臨終也可得無病痛、觀音莅臨勸導等八種利益，甚至可以有護國佑民、防止天灾地變等功德。

此菩薩在胎藏界中觀音院内，形象爲三面四臂，每面皆有三面，正面肉色，右面青色，左面黑色，表三德之意。左第一手持蓮花，第二手携羂索，右第一手持念珠，第二手執軍持，并披有鹿皮袈裟。

另外還有一面三目十八臂、一面四臂或三面二臂、四臂、十臂、十八臂，等等，最普遍的應是一面三目八臂像。其形象爲眉間白毫上竪有一目，左右二手合掌當胸，左次手持蓮花，次手於膝上持羂索，第四手作與願印；右第二手持錫杖，第三手於跪上持白拂，第四手作與願印，垂諸指仰掌，左右相對作同印不持物。二足以左按右上，着鹿皮袈裟。

六十、"觀世音"這個名號是怎樣產生的

"觀世音"這個譯名最早出現在公元三世紀由印度僧人康僧鎧翻譯的經典《佛説無量壽經》中。得到重視和肯定還是在公元五世紀由鳩摩羅什法師所翻譯的《妙法蓮華經·觀世音菩薩普門品》中體現的。經典中説："觀世音菩薩以何因緣名'觀世音'？佛告無盡意菩薩,'善男子,若有無量百千萬億衆生,受諸苦惱,聞是觀世音菩薩,一心稱名,觀世音菩薩即時觀其音聲,皆得解脱'。"觀世音菩薩大慈大悲,拯救一切苦難衆生,故全稱"大慈大悲救苦救難觀世音菩薩",因爲避唐太宗世民諱,略去"世"字,簡稱"觀音""大悲",沿用至今。

"觀世音"還被譯爲"光世音",是由精通三十六國文字的月氏大僧竺法護所譯。但是世人還是經常稱呼"觀世音"這個名號。其實早在公元二世紀的漢譯經典《成具光明定意經》中就出現了"觀音"二字,但是直到後來出現的漢譯經典《悲華經》《華嚴經》《觀世音菩薩授記經》時才使用"觀音"和"觀世音"兩個名號。

佛菩薩的名號也代表着他們特有的德行與樣貌,藥師佛以醫藥救度衆生得名,地藏菩薩則是因爲在過去世中以"衆生度盡,方證菩提,地獄未空,誓不成佛"爲誓願得名。而觀世音是一位救苦救難"度一切苦厄"的慈悲菩薩,觀塵世苦難衆生的呼救聲,而前往解救。遇到種種災難苦惱,只要發聲呼救稱念"觀世音",就能得到他神通法力的救助。這是他深得人心的主要原因,在《普門品》與《悲華經·大施品授記品》中都得到宣説。

觀世音菩薩尋聲救苦,聲音不用聽而是去"觀",此屬於佛教所説的"六根互用"。六根,即眼、耳、鼻、舌、身、意六種感官及其功能。當佛菩薩修到一定的境界,就可以到達六根互用的高等境界,也就是任何一根都能替代其他諸根作用。《涅槃經》稱:"如來一根則能見色、聞聲、嗅香、別味、知法,一根現爾,餘根亦然。"

"觀世音"還有一個深刻的涵義,即代表每個人心靈最深處的"內在覺性",也可以説是"佛性"。觀世音不但來觀你的音,還要讓每個人觀自己的音,和衆生密切聯繫在一起。

六十一、觀音菩薩

觀音菩薩，梵名爲阿縛盧枳底濕伐羅，舊譯爲光世音或觀世音，新譯爲觀世自在或觀自在，密號爲正法金剛或清净金剛。他能觀察諸法，自由自在，給一切功德與一切眾生，使之脱離苦海，得到快樂，故稱爲觀自在。

觀音菩薩在中國民間受到最普遍、最廣泛的信仰，在佛教各種圖像中或造像中，觀音菩薩的像也最爲常見，而且種類繁多，變化也極大。因此將觀音菩薩作一總的叙述。在佛教中，觀音菩薩是西方極樂世界教主阿彌陀佛的上首菩薩，與大勢至菩薩一起，是阿彌陀佛的左右脅侍，合稱爲西方三聖。

觀世音，是指世間眾生在碰到各種困厄災難時，只要信奉觀世音菩薩，一心專念觀世音菩薩名號，這時他就會觀其音聲而來解救，使受難眾生及時得以脱困，所以稱爲觀世音。

佛教記載觀世音菩薩的經典很多，最爲流行的要數《法華經》中的《觀世音菩薩普門品》。這一品中叙述了觀世音菩薩大慈大悲、救度眾生的功德和能力，因此這部經剛譯出不久，這一品就被人們廣爲傳抄，單獨流行，并被稱爲《觀音經》。經中記載，觀世音是一位大慈大悲救苦救難的菩薩。如果有眾生遭受水火刀兵之災，只要稱念觀世音名號，就火不能燒，遇水淹即得到淺處。如有遇刀兵相加，或有牢獄之災，只要稱其名號，就能逢凶化吉，遇難呈祥。觀世音菩薩能給處於危難之中的眾生無畏的力量，使他們不畏恐懼。經中還說：觀世音菩薩能顯現各種化身，説法救度眾生。如有眾生應以佛身得度，觀世音菩薩即現佛身去救度，若應以羅漢身得度，他就現羅漢身去説法。還能隨時以國王身、宰官身、居士、長者、比丘、比丘尼、男女老少等各種不同身份，隨機應化，宣説佛法，點化眾生。

大約在兩晋之際，觀音菩薩的信仰就已經在社會上流行。到了南北朝，由於頻繁的戰亂，社會動蕩的原因，觀世音菩薩大慈大悲，救苦救難，在當時得到了更爲廣泛的信仰和傳播。而且還出現了一些專門宣揚觀世音的靈感故事和書籍，如南朝劉義慶編的《宣驗記》，等等。

在佛教各種菩薩像中，觀世音菩薩的形象種類最多，一般説來，當他和大勢至菩薩一起脅侍阿彌陀佛（即西方三聖）時，觀音菩薩多頭戴寶冠，冠上有化佛阿彌陀佛像。其他形象和衣飾則與其他菩薩没多大差別。中國佛教寺院中，大雄寶殿供奉的主尊背後，常常塑有海島觀音，觀音站立在鰲頭之上。有時觀音像旁，還畫有一個童子像。童子面向觀音，雙手合十，作禮拜狀，即所謂"童子拜觀音"。這是根據《華嚴經·入法界品》中所説：善財童子由文殊菩薩指點，先後參拜五十三位大善知識而創作。這其中第二十七位即是觀音菩薩，這種像在中國民間十分流行。

密教的經典往往又把一些密咒和觀音像聯繫在一起，還規定了持誦這些密咒相應的儀軌，以及需要禮拜供奉的觀音形象。由此産生了密宗六觀音、七觀音之説法，這些觀音中主要有馬頭觀音、千手觀音、十一面觀音、不空羂索觀音、准提觀音、如意輪觀音等，這些又都是正觀音或聖觀音的化身。

漢族地區的觀音在長時間的流傳過程中，更是發生了種種變化。人們多是根據自己的願望和喜好，塑造了許多富有民族特點的，符合人們審美和欣賞的心理情趣，而創造出各式各樣的觀音，如白衣觀音、楊枝觀音、馬郎婦觀音、送子觀音等。有典故并被人熟知的就有三十三觀音、大悲咒八十四觀音、普門示現觀音，等等。宋代以後所作的觀音多是根據妙莊王三公主妙善出家修成觀音説法，而按中國古代仕女形象而繪出的觀音形象，以至後來這種女性觀音成了主流。

六十二、觀世音菩薩的聖容寶相

《佛説觀無量壽佛經》中，釋迦牟尼佛講述仰看觀世音的聖容時，給我們留下這樣的意象：觀世音菩薩身高有八十萬億那由他由旬；膚色成紫金色；頭頂有肉髻；天冠是以毗楞伽摩尼寶珠製成的天冠，天冠中有站立的化身佛，身高二十五由旬；頸項有圓光，圓光中有五百化身佛，如釋迦牟尼佛，五百化身佛有五百化身菩薩隨侍；面容有百千由旬；眉間毫毛成七寶顏色，并放射出八萬四千種光芒，每一光芒中有無數的化身佛、化身菩薩，遍滿十方世界；手臂像紅蓮色，有八十億微妙光明作爲瓔珞，在瓔珞中普現一切莊嚴故事；手掌有五百億朵蓮花色；十指每一指端有八萬四千畫，猶如印紋，每一幅畫有八萬四千顏色，每一顏色有八萬四千光芒，光芒柔和，普照一切世界，菩薩以此寶手接引衆生，舉脚時，脚底有千輻輪相，自然化成五百億光明臺，以托着脚，放下脚行走時，有金剛摩尼花布散在地上，彌漫四處；其餘身相圓滿美好，與佛身一般無異，惟有頂上的肉髻和看不見頂相，這相高不及佛陀世尊。這就是觀世音菩薩莊嚴威儀的聖容寶相。

六十三、水月觀音

水月觀音，三十三觀音之一。此尊形象亦有多種形式，但多與水、月有關，所以稱水月觀音。水月中，喻諸法無實體。

水月觀音，又稱水吉祥觀音，或水吉祥菩薩。這是觀世音一心觀水相的應化身，其形象有多種，有的是站立在蓮瓣上，蓮瓣則飄浮在海面上，觀世音正在觀看水中之月；另一種是以蓮花坐姿，趺坐在大海中的石山上，左手持未敷蓮花，右手施無畏印，且掌中有水流出。

這裏所編繪的水月觀音是根據北京法海寺明代壁畫所繪，此尊身披白紗衣，滿身珠寶精工細描，雍容華貴的觀音是歷代壁畫和繪畫當中的極上乘作品。還有其他多種水月觀音，這裏只選編兩種。

此尊所以命名爲水月觀音的緣由，也有不同的說法，有說是因爲其形象作觀看水中之月的相狀，所以名爲水月觀音，也有說是由於其形象浮在海上，猶如水中之月，因此而名。

中國最古老的水月觀音，應是在敦煌千佛洞發現的，屬唐代中期作品，此畫被法國盧浮宮美術館收藏。

據《法華玄義·卷二》載："水不上昇，月不下降，一月一時，普現眾水。"由於水月觀音富有極深的真理，所以歷來爲文人畫士樂於描繪。

六十四、聖觀音

六觀音之一。密宗稱聖觀音、天台宗稱大慈觀音。亦稱正觀音、聖觀自在。此尊法相爲觀世音菩薩本身相，是觀音各種法相的總體代表，也可以説是觀音菩薩的正體標准像。聖觀音無千手千眼、馬頭、十一面、十八臂等異相。聖觀音是六觀音、七觀音的總體或正體，民間平常所説的觀世音菩薩，其實指的就是聖觀音和正觀音。觀音菩薩其他應化身，都是從正觀音形象演變的。佛教廟宇中以觀音爲主的"大士殿""圓通殿"多供奉此像。聖觀音的形象爲一手兩臂的菩薩相，通常頭戴天冠，冠中有阿彌陀佛像，結跏趺坐於蓮花座上；身上有瓔珞項釧等裝飾。法相表情端莊、慈祥、悲憫。其手姿印相、持物，則有以下幾種不同：一、左手屈肘舉胸前，拇指尖頂在食指尖成環狀，其餘三指直竪，作施大悲無畏印，右手托净瓶。二、左手持蓮花，右手結大悲施無畏印。三、雙手放在胸前，腿上結法界定印或者彌陀定印。四、雙手作説法印，聖像兩旁有善財和龍女脅侍。民間供奉的聖觀音法相大多爲女相，身着白色天衣，其面相頗類似中國古代仕女的造型。四川安岳石窟有一尊明代聖觀音造像，法相美麗而莊嚴，堪稱歷代民間聖觀音造像之代表。

六十五、鼇魚觀音

　　這尊觀音是根據民間傳說繪製的據説南粵大海中有一只千年孽鼇在海邊噬人作惡，此怪獸體長一丈六尺左右，形態極爲恐怖，通體褐色，略現金色光彩，頭頸像龜，尾巴却像大魚，因爲它長着四只脚，趾間厚皮相連，可以劃水。這個怪獸不僅能在水中游泳，而且能上岸行走，憑着它鋒利的牙齒和堅厚的甲殼，什么都不怕，它吃猪馬牛羊，尤其喜歡吃人。由於這個凶猛怪獸時常出没，粵海兩岸的百姓紛紛逃離家園，遷居内地。

　　這天，觀音來到粵海之濱，聽聞此事後，即在各處找到十萬八千根蠶絲，結成羂索；又取寶瓶中的楊柳枝削成九個倒刺鈎，再用海底沙土捏成一個人形，將倒刺鈎埋在泥人腹内，准備好後，專等怪獸出現。有一天金鼇在海底魚蝦吃得膩煩，便浮出水面看到岸邊有人，便張開大口吞下泥人，可那泥人一進肚中，即刻融化開了，索上九個倒刺鈎露了出來，觀音將手中羂索一拉，那金鼇痛得在沙灘上直打滾。從此觀音便征服了金鼇，并收納了它。此鼇魚觀音便因此典故而改繪。

六十六、慈航普渡觀音

　　慈航普渡觀音又名"過海觀音""渡海觀音""慈航觀音"。在漢地佛教供奉的觀世音菩薩像之中，此尊觀音法相是最常見的一種。《千光眼經》記載：觀世音菩薩早在釋迦牟尼佛之前就已經成佛了。那麽，觀世音菩薩爲什么又來做菩薩呢？這就是自古傳説的菩薩倒駕慈航。在《悲華經》中是這樣記載的，觀音菩薩在寶藏如來面前發誓説："願我行菩薩道時，若有衆生受諸苦惱恐怖等事，退失正法，墮大暗處，憂愁孤窮，無有救護，無衣無舍，若能念我名號，若爲我天耳所聞，天眼所見，是衆生等若不得免斯苦惱者，我終不成阿耨多羅三藐三菩提。"民間供奉的慈航普渡觀音多爲漢化之女相，其特征是：菩薩立於大海中蓮花或蓮瓣之上，雙手交叉置於腹前，白衣裹身，瓔珞爲飾。苦海無邊，觀音仿佛乘上普渡之舟，正以大慈悲之心，遠航去救苦、救難、救世。

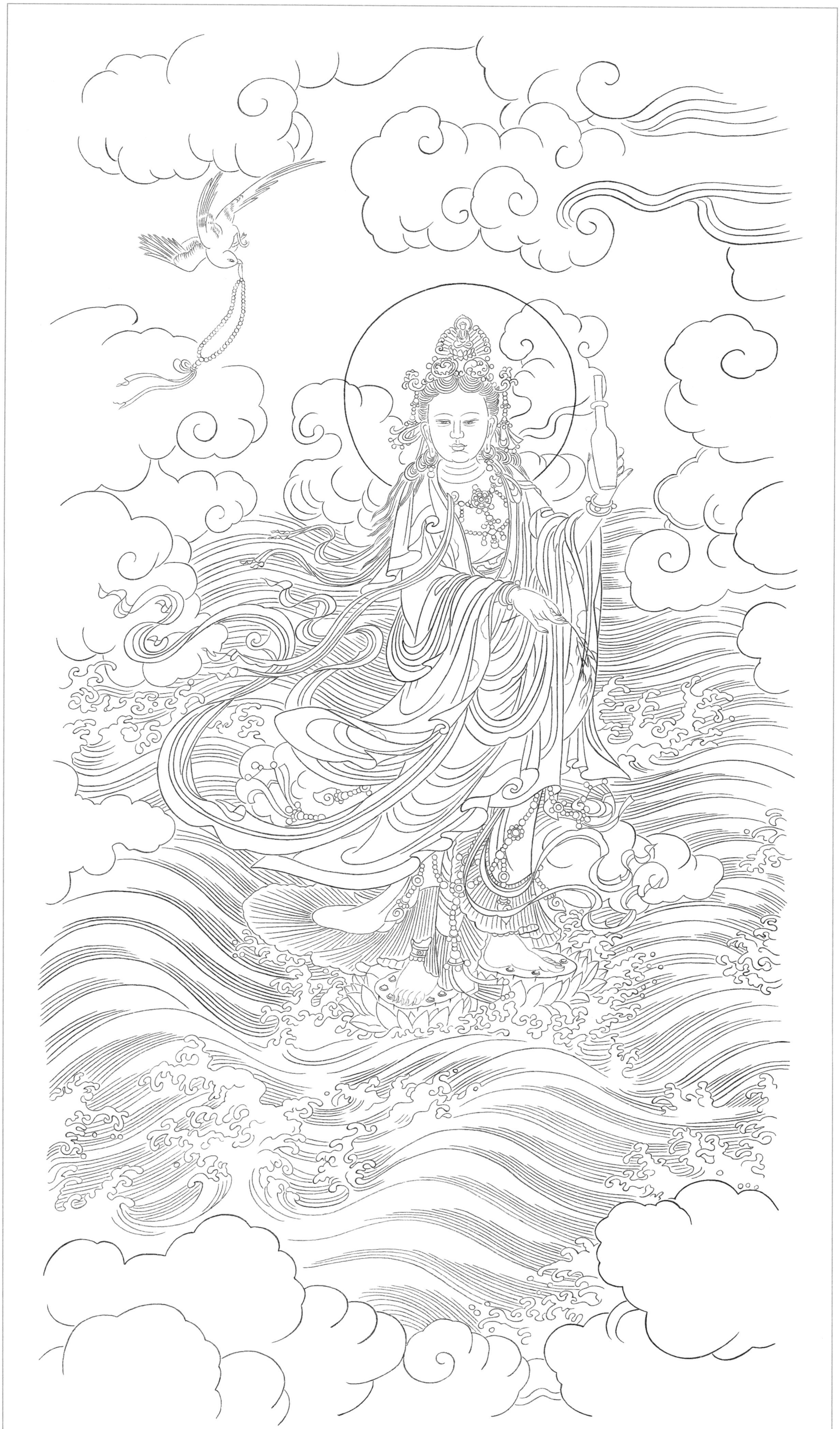

263. 渡海觀音

六十七、善財與觀音

善財童子：在中國佛教塑像或佛教繪畫中，善財和龍女一起被安置在觀音菩薩的兩邊，作爲觀音的脅侍。

據《華嚴經·入法界品》講，善財童子是福城一個長者的五百童子之一。當善財誕生時，有種種珍寶自然涌出，所以他被命名爲“善財”。當時，文殊菩薩正在福城東的娑羅林中宣揚佛法，於是善財童子去文殊處請教佛法。文殊菩薩指示他到南方可樂國請教功德雲。善財找到功德雲，功德雲又指點他到海雲國找海雲。於是一而再，再而三，善財童子共參拜了五十三個善知識，最後在普賢菩薩的教化下，如願以償，修得正果。

善財童子參拜的第二十七位善知識就是觀音菩薩。善財在參拜一位居士後，居士指示善財：“於此南方有山，名補怛洛迦，彼有菩薩名觀自在。勇猛丈夫觀世自在，爲利衆生住此山，汝應前往問諸功德，彼當示汝大方便。”於是善財按居士所指示，前往普陀山，善財歷經千險來到普陀山，這就是善財成爲觀音左脅侍的因緣。

六十八、阿耨觀音

三十三觀音之一。因巨海與龍魚和阿耨達池有因緣，故名阿耨。《法華經·普門品》中云："或漂流巨海，龍魚諸鬼難，念彼觀音力，波浪不能没。"佛經中湖海不分，故稱此觀音爲阿耨。據此，阿耨觀音成了普門品中的"救湖水難之身"。巨海，亦可指無邊生死大海；龍魚諸鬼，亦可指衆生内心煩惱。煩惱在衆生心中興風作浪，致使衆生永遠漂流在生死海中，不能達到涅槃彼岸。如衆生能稱念觀音菩薩的聖號，那就可仰仗觀音菩薩威神之力，令諸波浪不敢將你没於海底。阿耨觀音法相特征是：觀音左手拿蓮花，右手似拿龍珠狀，盤坐在似龍魚的背上，下邊是海水。《法苑珠林》載有觀音顯靈救水難的事跡：晋代徐榮，山東琅琊人。航船誤入漩渦之中，眼看就要被漩水吞没，徐榮惶然無他法，只有至心稱念觀音菩薩名號。不一會兒，如同有幾十人在齊力牽引似的，航船竟慢慢出了漩渦，順江漂流下去。此時，太陽已落，天昏地暗，風狂雨急，誰也不知道漂在何地，巨浪汹涌，幾次差點打翻航船。徐榮又至心念誦觀音菩薩名號不停。忽見遠山上燃起火光，烈焰熊熊，江心照得通明，船向火光駛去，平安地到達岸邊。到岸後，火光熄滅，徐榮這才知道觀音菩薩在暗中保佑他。

六十九、楊柳枝觀音

觀音菩薩最常見的持物是楊柳枝和净水瓶，表示以慈悲心遍灑甘露法水，令衆生消灾免難。佛典中還有一種祈請觀世音菩薩消伏毒害的法事叫作"楊枝净水法"。密宗認爲修"藥王觀音"密法可以袪除身上的病患。

楊柳枝：楊柳枝是古印度重要的日常生活用具。古印度人刷牙用的齒木，就取材於楊柳枝或類似的樹枝。齒木與香水是古印度人饋贈友人、表示自己誠意的禮品。這種習慣延伸到佛教界，也就成爲禮敬佛菩薩的供品。古印度的香水，其實是（於伽）加上香、花的净水，而齒木又轉置楊枝，因此，中國佛教徒在供佛時，乃演化成"楊枝净水"固定供物。

净瓶和甘露：最早的净瓶原型是印度人用金屬製成的澡罐，他表示用洗濯罪垢污穢來使心净潔。在東方美術上它變成甘露瓶，佛教認爲，觀音手持的净瓶中有甘露，具八種功德：澄清、清冷、甘美、輕軟、潤澤、安和、除饑渴、長養諸根。净水遍灑大千世界，洗凡塵、除衆垢、潤群生、滅除諸種煩惱。

三十三觀音除楊柳觀音外，德王觀音和灑水觀音也是手持楊柳。德王觀音相當於《法華經·觀世音菩薩普門品》之"應以梵王身得度者即現梵王身而爲說法"的觀音化身；梵王是色界之主，其德殊勝，所以稱爲德王；德王觀音像多爲趺坐岩上，左手置於臍前，右手持楊柳。灑水觀音相當於《法華經·普門品》中"若爲大水所漂，稱其名號，即得淺處"之觀音化身。其像爲左手持鉢，右手執楊柳。

七十、持蓮觀音

　　三十三觀音之一。因手持蓮花而得名。佛教常以蓮花來比喻佛或佛法。蓮花出淤泥而不染，花色淡雅，亭亭玉立於碧波之中，迎風搖曳，深得人們喜愛。大乘佛教有一部著名經典，經名《妙法蓮華經》，蓮花喻潔白美麗，蓮華即蓮花。實際上蓮花已成爲佛教的象征。觀音係由蓮花童子衍化而成，因此，觀世音菩薩以蓮花爲誓願象征。手持蓮花喻菩薩接引衆生往生西方極樂世界。佛經上形容極樂世界長滿了蓮花，蓮花清净高雅，所以西方極樂世界又稱净土。持蓮觀音有多種，有左手持蓮花，右手屈臂手在胸前，站立於雲端的，亦有雙手持蓮，兩邊有童男童女跟隨着的等等。還有手持蓮花，坐於蓮臺之上，此爲坐相持蓮觀音。持蓮觀音大多是豐潤貌美的少女形象。蓮花形狀有開敷蓮花、未開敷蓮花之別。《法華經·普門品》中載："應以童男童女身得度者，即現童男童女身而爲説法。"據此，持蓮觀音成了三十三應化身中的童男童女身。又稱童子相觀音。佛教認爲：童男童女身是最爲清净、没有污染的身體，若修道或參禪打坐，很快就能有所成就，很快開悟，得天眼通。所以童貞入道是最寶貴的。

七十一、岩户觀音

三十三觀音之一。因其端坐於岩窟之中而得名。又名岩洞觀音、岩石觀音。《法華經·普門品》中說："蚖蛇及蝮蝎，氣毒烟火燃；念彼觀音力，尋聲自回去。"據此，岩户觀音成了普門品中能驅除蚖蛇蝮蝎蟲難之事。蚖是鉅毒蛇，只要被其咬一口，絕對是沒命的。蝮亦係毒蛇，被其咬一口，同樣斃命。因爲這些毒蟲盤踞在洞穴之中，經常出來危害人民，而此菩薩即是爲了保護衆生，故而在洞口上繪製此法相。岩户觀音法相特征是：坐於岩洞之中，打坐静思入神，或悠然欣賞水面。坐姿爲結跏趺坐，手印相爲禪定印，或作遊戲坐，手持念珠。杭州西湖飛來峰上青林洞內，有一尊元代"岩户觀音石雕像"，其法相具代表性。岩洞中觀音高坐蓮臺，手持念珠，静思入神的神態刻畫得十分逼真。民間常可見到如下岩户觀音畫像：懸崖陡壁間一岩洞，藤蔓垂落，翠竹旁生，洞外鸚鵡翔空，觀音托鉢執柳，屈一膝，盤坐在菩提葉之草團上。懸崖下善財童子蹺足合掌立於石根，面朝洞中觀音菩薩仰拜。此尊觀音深受中國佛教徒喜愛，民間供奉較多。

七十二、魚籃觀音

魚籃觀音乃中國民間流傳的三十二觀音之一，一手持念珠，一手提盛魚的竹籃，神態瀟灑威嚴。民間對魚籃觀音有許多傳說，并把觀音提魚籃看作是這尊菩薩法力無邊的象征。

據《法華持驗記》《觀世音菩薩感應傳》中記載：唐元和十二年，陝西東部的人還沒有信奉佛教。有位年輕貌美的女子來到此地，求婚者很多，美女說："欲娶親者，如一夜能背誦《普門品》即嫁之。"到了黎明，有二十人通過了背誦。美女又說："我一人豈能嫁給這麼多人，若有一夜能背誦《金剛經》者即嫁之。"到了天亮能背誦者有十餘人。美女再要求他們在兩天內背誦整部《法華經》，最後只有具有驚人記憶的馬郎全背出來了。於是美女如約嫁給了馬郎。迎娶之日，賀喜賓客尚未散去，賣魚女突然去世，馬郎將她葬於金沙灘。數日後，一位身穿紫袍的老僧來到此地，問賣魚女下落。於是馬郎帶老僧到安葬處，老僧開墳驗屍，女子屍體已經完全腐爛，只剩下一條金鏈子串起來的骨頭。和尚告訴圍觀的民眾說，這女子是聖人示現，她來此地的目的是爲了解救他們脫離惡業輪回。說完，和尚用水將屍體洗淨，係在杖上騰空而去。從此，這裏的人們開始信仰佛教。而金鏈子串起來的骨頭就是聖人的標記，因此，人們稱爲"鎖骨菩薩"。雖然故事中沒有出現觀音，也沒有提到魚籃，但是故事被人們所傳頌。到了《魚籃寶卷》，魚籃觀音形象才更加清晰。

在宋代江蘇沿海地區，金沙灘的村莊以打獵、捕魚、屠宰爲生，這裏的人非常凶惡，搶劫、殺人，做盡種種壞事，惹怒了玉皇大帝，他命令東海龍王用海水淹沒整個村莊，要村民下到地獄去，永不得超生。

觀音當時是南海教主，知道後起憐憫心，請求玉皇大帝延後幾個月處罰他們，并自願下凡到金沙灘去度化他們。觀音化爲一個絕世美女提着魚籃，來到金沙灘賣魚，村中有一姓馬的惡霸，非常富有，想要娶得這位漂亮的姑娘。馬郎假意與賣魚女接觸，打探她的身世。賣魚女告訴他至今未婚的原因是，發願要嫁給一位能背誦《法華經》，并且吃素行道的人。聽到賣魚女的話，馬郎很有興趣，便問道："哪裏能找到這部經，這經爲什麼那麼重要？"賣魚女回答："這部經是無價之寶，有了它，便可得人天喜樂，遠離地獄之苦。"至於哪裏可以找到這部經，賣魚女指向她的魚籃。原來她把《法華經》藏在魚籃子裏。

村中的男子知道了這事，決定和馬郎一樣，努力背誦經典，學習佛法，來爭取與美麗的賣魚女結婚。一個月過去了，他們還在學習背誦經典，但救度金沙灘的計劃必須趕快進行，因此她選擇品行最壞的馬郎，來履行承諾。他朝馬郎吹一口氣，馬郎頓時神清氣爽，毫無猶豫地背誦出全本《法華經》。馬郎雀屏中選，非常高興地准備婚禮。沒想到賣魚女在婚禮當天突然生病。此時，賣魚女向馬郎吐露自己真實的身份是觀音，她告訴馬郎："我違背了玉皇大帝的要淹沒金沙灘的旨意，所以必須待在凡間三年。"臨死前，她告訴村人要繼續持誦這部經典，并繼續吃素、行善，之後便死了。

276. 魚籃觀音

七十三、自在觀音

自在觀音又稱"觀自在菩薩"。唐高僧玄奘法師在譯《般若波羅蜜多心經》時，將觀世音菩薩首次改譯成"觀自在菩薩"。意爲遍觀任何時空，萬事萬物與一切現象之根源，而且能够顯現真正之精神所在。"觀自在"是普察人間的善惡，觀機往救，自在無閡，以無我之心救苦救難之意。"自在"是主宰之意，"觀自在"就是"被見者之主"或"衆生所見之主"。正如聖嚴法師所説："梵文'阿傅盧枳帝濕代羅'的原義，含有'觀照縱任'或'君主'的意思，也就是觀造萬法而任運自在的意思。"自在觀音法相有二：一、取立姿，頭戴華美蓮冠，冠上化佛作立相，身著納衣裳裙，疊手露釧，手姿仰覆變化美妙，赤足浮於雲端，雙目垂視，仿佛在觀察人間苦難，聞聲而動。其法相代表作品爲吳道子《觀自在菩薩》石刻綫畫。二、取坐姿，頭戴寶冠，左手觸蓮花，右手拄右膝觸腮，自然坐在雲端的蓮花上。修大法，觀自在，逍遥自得。面容秀美可親，仿佛如自由自在的仕女。其法相代表作品爲河北正定隆興寺供奉的《自在觀音》，此尊觀音被譽爲"中國最美的觀音"。唐代自在觀音多爲男相，民間供奉的自在觀音則多爲女相。佛教寺院供奉的自在觀音，通常是一足盤膝，一足下垂，因形象顯得很自在，故稱爲"自在觀音"。然而，無論何種法相，均須體現此尊菩薩的精神特征：觀自在菩薩者，觀世界而自在，拔苦與樂。

鳩摩羅什法師意譯爲觀世音菩薩，玄奘法師新譯爲觀自在菩薩。"自在"是表示菩薩具備大智慧，能够完全自在的洞察世界，達到事理無礙的境界。

據《佛説觀無量壽佛經》記載：菩薩身長八十萬億那由他恒河沙由旬，身上皮膚是紫金色，頂上有肉髻，頭上有毗楞伽摩尼寶製成的天冠，特別是天冠中有一尊立佛，高有二十五由旬，眉間白毫相具足七寶顏色，演流出八萬四千種光明；每一光明中亦有無數化佛，化菩薩，頂有圓光，光中有五百化佛；每一化佛又各有五百化菩薩，無量諸天作爲其侍者，全身光明中，示現有五道衆生中一切色相，其變現自在，能遍十方世界。

菩薩有十種自在：1.延壽命；2.心自在，生死置之度外；3.財自在，能知足常樂；4.業自在，多做善事；5.生自在，隨心所欲；6.勝解自在，世事無常，唯忍而已；7.順自在，觀所樂而成，由精進所得；8.神力自在，由定所得；9.智自在，隨語音而慧；10.法自在，而於契經，由慧所得，因名觀自在。

七十四、與甘露觀音

二十五觀音之一。與甘露觀音又名甘露王觀音、甘露王菩薩。千手千眼觀音中有一"甘露手"，此手喻：爲求生梵天者，甘露，甜美之露水也。古代中國人認爲""天下太平，則天降甘露。"佛教沿用之，但注入了許多新的内容。《法華文句》説："甘露是諸天不死之藥，食者命長身安，力大體光。"《維摩經注》説："什曰：諸天以種種名藥著海中，以寶山磨之，令成甘露，食之得仙，名不死藥。生曰：天食，爲甘露味也，食之長壽，遂號爲不死藥也。"佛陀常以甘露喻不生不滅的妙法，妙法能滋潤衆生，所以譬之如雨。甘露亦喻佛法。《妙法蓮華經·藥草品》："爲大衆説甘露法"，觀音菩薩手持净瓶，瓶内盛有取之不盡，用之不竭的甘露水。甘露水又名净水，象徵净化身心，觀世音菩薩以甘露水灑向人間，或救旱灾而降雨，或除病害而降魔。《法華經·普門品》曰："悲體戒雷震，慈意妙大雲，樹甘露法語，滅除煩惱焰。"説明觀音灑向人間的甘露不謹是爲久旱不雨之地降雨減灾，而且還用甘露法雨滅除衆生煩惱之火焰。苦海中的衆生具有煩惱，而且煩惱熾燃，如同火焰一般，用其他東西，没有辦法可滅衆生的煩惱之焰，唯有觀音菩薩的甘露法雨，始能令諸衆生，滅除煩惱火焰，而達不生不滅的清净世界。《大悲心陀羅尼經》中有"薩婆阿他·豆輸朋"之梵語，此是觀世音菩薩現甘露王相。民間供奉的與甘露觀音法相與灑水觀音基本相同：女相，大海之中，菩薩立於蓮花上，右手持净瓶，將甘露水灑向芸芸衆生，左手持楊柳。另有一種甘露王觀音造像，觀音雙手捧瓶，將甘露法雨灑向人間。

七十五、彌陀净土觀音

彌陀净土觀音菩薩，可以説是一切觀音的本位，是最重要的觀音菩薩。

在《佛説觀無量壽佛經》中説：菩薩身長八十萬億那由他恒河沙由旬，身上皮膚的顏色是紫金色，頂上有肉髻，頭上有毗楞伽摩尼寶製成的天冠。特別是天冠中有一尊立佛，高有二十五由旬；眉間白毫相具足七寶顏色，演流出八萬四千種光明，每一光明中亦有無數化佛，每一化佛又各有五百化菩薩；無量諸天作爲其侍者，全身光明中，示現有六道衆生的一切色相，其變現自在、能遍十方世界。

菩薩的臂如紅蓮花色，有八十億光明以爲瓔珞，在瓔珞中普現一切諸莊嚴事。手掌也有五百億雜蓮花色，雙手十指的一一指端，有八萬四千畫，猶如印紋；一一畫有八萬四千色，一一色有八萬四千光，其光柔軟，普照一切，以此寶手接引衆生；舉足之時，足下有千輻輪相，自然化成五百億光明臺；下足時有金剛摩尼華布散一切，無不彌滿。

觀音的形象圓滿具足，與佛没有差別，只有頂上的肉髻以及無見頂相不如佛陀。

爲了接引衆生往生西方極樂世界，觀世音菩薩亦有此金剛蓮臺的形象，并無局限以何種姿勢、何種手印爲定型，而是隨衆生需要的因緣來示現，所以在不同的經典中，亦會描繪出不同的形態。

七十六、施無畏觀音

二十五觀音之一。因觀音菩薩施"十四無畏"而得名，又名施無畏觀音。觀音菩薩所修學的《大悲行解脫法門》的主要內容，在《法華經》和《楞嚴經》裏都有記載，兩經裏有兩大內容大致相同，一是："三十二應"，其二就是："十四無畏"。"十四無畏"是說眾生遇見十四種災難時，觀世音菩薩能給處於危難中的眾生以無畏的力量，使他們不畏恐懼。也就是說，觀世音菩薩有能力把眾生從十四種災難中拯救出來。這十四無畏是：一、百千萬億苦惱眾生，一心稱觀世音菩薩名，菩薩就尋聲救苦。二、若入大火，火不能燒。三、落入水中，波浪不能沒。四、入諸鬼蜮，鬼不加害。五、臨當被刀杖殺害，刀杖自折斷。六、夜叉、羅刹、病魔等鬼不敢惡眼視之，何況加害。七、人和刑械枷鎖，不能著身。八、經過荒山險路，盜賊不敢劫奪財寶。九、好色淫亂眾生，可改邪歸正。十、心懷嗔恨，好發怒、好報復的人，可熄滅怒火。十一、昏迷愚昧眾生，永離痴愚。十二、欲求生男，可得福德智慧之男。十三、欲求生女，可得相貌端正福德柔順之女。十四、讓整個宇宙，有不可勝數的菩薩隨類化身，教化眾生。無畏觀音法相特征是：頭戴寶冠，冠中有阿彌陀佛像，半跏趺坐於赤岩石之上，作自在相，左手靠獅子之上，作思維相，右手持蓮花或作施無畏印。施無畏印是觀音菩薩常做的手印，其特征是：屈手上舉於胸前，手指自然舒展，手掌向外。喻：能使眾生心安，無所畏怖。

280. 施無畏觀音

七十七、日月觀音

　　日月觀音又名六臂日月觀音。因其左右上方兩臂分持日月而得名。四川大足北山石窟第一三六號窟北壁，有一尊宋代石雕"六臂日月觀音"，像高二三四公分。日月觀音六臂之中，其中兩臂向上托日月，一臂置於胸前，一臂置於腹前，其余二臂分別持寶劍和鉞斧。日喻：救眼睛無光者；月喻：救患熱病令清凉。因此尊觀音六臂，故有人將日月觀音稱之爲"如意輪觀音"。但是，如意輪觀音六臂之中必須有如意寶珠和寶輪，然而日月觀音六臂之中并没有。《大悲陀羅尼經》中有"呼盧呼盧醯利"梵語，意譯爲："作法自在，毫無煩惱。"據説此爲觀世音菩薩示現爲日月觀音相的根據。《大悲咒圖解》對"手捧日月"之相作如下解釋："手捧日月放光明，化度人天。是説修成菩薩道的人，其作法自在，隨時隨地都可以隨意示現，救苦救難，解除世人一切病苦。此無他，皆由於慈悲心的精誠感召所至。"大足佛窟石雕六臂日月觀音肌體細膩，大度雍容、容貌豐滿，嚴然如冰肌玉骨的美人。民間供奉的日月觀音法相，多受此尊觀音造像之影響。

七十八、持瓶觀音

　　持瓶觀音又名持華瓶觀音菩薩。因其手持華瓶而得名。此法相常見於古印度、晋、南北朝、隋唐及日本和朝鮮。華瓶亦稱净瓶、澡瓶，又稱寶瓶。八寶吉祥，係佛教傳說中的八件寶物，其中有寶瓶。在佛教看來，寶瓶象征"福智圓滿不漏之謂"，而觀世音菩薩之寶瓶專裝甘露聖水，聖水灑向人間，能帶來祥瑞，它象征天下太平。四十八臂觀音中有寶瓶手和净瓶手，寶瓶造型大而圓，净瓶則呈長圓型，前者喻：爲調和眷屬、後者喻：爲求生梵天者。《大悲心陀羅尼經》中有"娑婆摩訶阿悉陀夜"之梵語，此乃觀世音菩薩示現藥上菩薩相，觀音手持寶瓶，行療衆生疾苦。寶瓶中裝有聖水，可醫治衆生諸疾病，這是觀世音菩薩俯憐一切物類，特隨緣類相，以化導各類衆生，使其皆成就無上妙道的真言。持瓶觀音爲民間常見的觀音聖像之一，歷代觀音造像亦見到各種不同的持瓶觀音法相。上海玉佛寺藏有一尊出土於北魏太和十年的石雕《持瓶觀音立像》。此尊法相造型優美匀稱，右手下垂持寶瓶，而有別於其他持寶瓶灑甘露的觀音像，追求的是整體立像匀稱、流暢。

七十九、寶印觀音

寶印觀音又稱玉印觀音、寶印觀自在菩薩、掌印觀音、智印觀音。印是印記、標志、印章，中國人將帝王之印稱爲“寶”，沿用到佛教中，亦稱寶印。千手千眼觀音中，有寶印手，又稱智印手，此手喻：成就大辯才。四川大足石刻中，有宋代寶印觀音之造像。北山第136號轉輪經藏窟主像左臂有一尊坐姿寶印觀音，像高一三七公分，觀音頭戴花冠，結跏趺坐於金剛寶座之上，菩薩面容莊嚴慈祥，衣飾華麗，裙帶飄拂，右手持寶印舉於胸前。北山第108號十三觀音變相窟有一尊立姿寶印觀音，位列第四尊，像高一百九十公分，頭戴寶冠，冠中有化阿彌陀佛，雙手持寶印於胸前。《觀世音菩薩傳》所載《觀自在八相》中有一尊“寶印觀自在菩薩”（位列第七），其法相特征如下：一身三面六臂，三面皆呈慈悲狀，六臂者，分別持寶印、鈴鐸（即寶鐸）、幢幡、寶劍、寶鏡、蓮花。此乃迅奮之相也，可驅馳三界。《大悲心陀羅尼經》中有“摩囉那囉”梵語，此乃觀世音菩薩示現寶印王菩薩相。菩薩告訴衆生，無論天地的神祇以及一切衆生，凡修大道者，均可如意得金剛佛禮，永久堅固不壞的真言。菩薩指點世人，要能修得大道，最重要的是能清净自己的身心，以六度萬行爲日常生活的基本准則，修道人必須勤勉力行，才能體悟其般若妙用。

八十、觀世音菩薩在中國歷代的形相變化

　　隨着時代的變遷，觀音菩薩或畫或雕塑的具體形象，不斷發生着微妙的變化，既有當時的政治、經濟、文化生活的深刻印記，又集中了中國民間的無窮智慧，反映了中國民間的思想感情和審美要求。

　　兩漢末年佛教東漸，佛教的造型藝術傳入中國，觀音的造像開始產生。到了北魏，公元四九四年，北魏孝文帝改漢製，遷都洛陽，官場禮儀、服飾一律漢化。中原的瘦骨清相之風成爲佛教造像藝術的主導。觀音的面相從豐潤變爲清瘦，長頸削肩、身材修長、嘴角上翹、衣裙飄逸。衣服一般不再是斜披式，而是以寬大的披巾遮肩，不露肌膚。

　　到了隋代，觀音不再有北魏時期的瘦骨清相和瀟灑飄逸的風度，臉型變得方且厚重，身姿拙重粗樸。那時，無論是壁畫還是石窟造像，觀音的形象已顯示出慈悲的風格。所謂慈是給人以快樂，所謂悲是解除人們的痛苦。這個時期逐漸出現了大量單獨的觀世音的造像，由此可知，觀世音信仰已開始從正統的佛教體係中游離開來，成爲一個相對獨立的信仰係統。

　　在唐代，佛教信仰和佛教藝術得到普及。觀音的形象開始利用泥塑彩繪的方法，使觀音菩薩更人間化，更富人情味，觀音形象開始向世俗化發展，無論是男相還是無性相的觀音，都已顯示出女性端倪。初唐時期敦煌第三二八窟的觀音菩薩像，充分運用了泥塑彩繪的特長，使肌膚、衣裙、佩飾都極富質感。菩薩形象端莊，氣質高貴典雅，雖仍然爲男相，但已充滿陰柔之美。

　　宋代以來，理學之風盛行，但思想的禁錮却似乎在觀音造像上有更多的反映。那時，觀音形象較唐代更加世俗化，得以流傳的觀音形象多以普通人的表情姿態傳神。宋代的觀音造像在藝術上達到了一個新的不可逾越的高峰。位於重慶大足轉輪經藏窟的數珠觀音，在宋代觀音造像中極富代表性。

　　遼金時期，因戰亂頻繁，民族衝突和交流十分頻仍，這個時期觀音造像的最大突破是在各個地區都出現了密教式樣的造像。與宋代并存的幾個少數民族政權，如回鶻、高昌、遼、西夏、金、大理等，更是留下了大量密教造型的觀音。此時的觀音形象具有唐代影響的遺迹，同時又具有北方民族的臉部和身體特征，

　　元、明、清及近代以來，元代提倡宗教多元化，及至明、清，民間的觀音信仰已徹底世俗化和程式化。這幾個朝代將唐代開始出現的獨立的觀音題材發揮到極致，出現了大量的"水月觀音""送子觀音""自在觀音"等觀音變身的形象。觀音的法器如柳枝、淨瓶等也開始伴隨觀音大量出現，觀音已變成中國的民間神祇。這幾個朝代觀音造像的形式和材料極多樣化，不再僅僅以大型雕塑或繪畫的形式出現，而且出現了大量民間製造，適宜民間信仰的小石雕、玉雕、金胡小雕像、年畫、剪紙，等等。這幾個朝代的觀音造像大多衣着簡單如同女尼，形象也多爲當地的中年婦女，沉静安詳文秀的品味，成爲主要的審美風範。

288·仿清華嵒繪多臂觀音

跋

　　五十知天命，我已進入這個階段。三十多年的寺廟生活，我體會到了什麼呢？感嘆萬千。按理説，佛教進入中國兩千多年，各方面對中國人的影響已根深蒂固，并滲透到各階層人士的生活、習慣、語言、文化、藝術等方面，特別是在人生哲理、心理感受方面，更是不可或缺的重要成份。而我的感覺却非常複雜、矛盾，既不能離群獨在，又不願和光同塵，非常尷尬，這大概是自己骨傲的業力所感吧。幾十年的佛教生活和學習，原想在講經弘法方面進行努力，已准備放弃的繪畫因緣時至，却成了主業，一幹就是三十多年。前些年只是准備畫一百幅觀音，并於一九九七年在深圳博物館舉辦了百幅觀音寶相畫展。但又發現，兩千多年的漢傳佛教在諸多方面都有巨大的貢獻和成就，佛教藝術尤甚。像敦煌、龍門、雲岡、房山石經等，都無可争辯地成爲了我們現代人的巨大精神資糧和現實財富。又細心觀察這巨大的藝術製作工程背后，却缺少一套理論和形象係統。比如説，我們常在經中念誦到的六大菩薩、八大菩薩、十二圓覺菩薩、五十二個階層菩薩、五方佛、七寶如來、八十八佛，等等，有的是有名没形象，有的是缺少其中的一兩個，總的來説，漢傳佛教至今没有一套既有形象又有理論的係統佛教圖像書籍，身爲佛子，使命感使我全身心地投入到佛菩薩畫像的研究當中，以至身心憔悴、精疲力竭，始知千百年的歷史積澱中，僅靠個人的投入，實在是杯水車薪、困難重重，簡直就是愚公移山。佛教講因緣，這也可能是自身的福德不够，閱歷尚淺之故吧。承蒙廣大善信的殷切希望，大力支持，使我明知力所難及，還是執意而爲。正如弘一法師所説："君子之交，其淡如水。執象而求，咫尺千里。問余何適，廓爾亡言。華枝春滿，天心月圓。"三十多年的艱辛努力，總算階段性地將三百幅彩圖、一千五百幅綫描佛菩薩畫像奉獻給社會大衆，我深知這裏面還有許多疏漏和差距要在今后的繪畫和注釋中再進行努力。此舉意在喚醒社會大衆，爲有志於在佛教藝術方面進行探討和研究的人們鋪設一塊基石，提供一層臺階，也算盡了我一個佛子的心願。

　　此次畫册能够得以圓滿完成，首先要感謝古往今來的歷代藝術家們，像壁畫、版畫、插圖、雕塑等，爲我們留下了無比豐富的資料，使我們能够在編繪諸佛菩薩聖像中，沿着歷史的脉搏，予以繼承和發揚。書中使用了歷代和現代藝術家的圖像和文字資料，由於資料繁雜，難以一一向他們表示感謝，在此謹向他們表示深深的歉疚，并向他們致以崇高的敬意。爲此，本人所繪編的一切書籍文字資料不留版權，任何人、任何地方都歡迎使用。

　　最后向幫助出書和辦畫展的深圳金活醫藥集團董事主席趙利生先生及全家，并向給予關懷和幫助的深圳、濟南的廣大信衆，向王少軍、李艾俊、韓永元、劉冥希、吳建利等一大批熱心人士，表示衷心的感謝。

圖版目錄

圖版目録

圖版目録

鳴　謝

趙利生　　　陳樂燊　　　韓永元　　　朴勇妍　　　周　繼
王芳妮　　　陳少潮　　　劉冥希　　　王少軍　　　李艾俊
龔則熙　　　吳建利　　　趙風珍　　　趙蔚瑛　　　沈林潔
陳伯泉　　　譚　文　　　張振越合家　孫櫻民合家　闞文紅
沈林潔　　　翁振虎　　　李相民　　　孟憲紅　　　趙大智
許宸銘合家

401

圖書在版編目 (CIP) 數據

中國傳統佛菩薩畫像 : 珍藏版：上、下 / 釋心德編繪. --
北京 : 文物出版社, 2020.8
　ISBN 978-7-5010-6458-8

　Ⅰ. ①中… Ⅱ. ①釋… Ⅲ. ①佛像－中國－圖集②菩
薩－中國－圖集 Ⅳ. ①B949.92-64

　中國版本圖書館CIP數據核字(2019)第284089號

中國傳統佛菩薩畫像（珍藏版）

編　　繪：釋心德

校　　對：趙蔚瑛　　王少軍　　陳樂燊

責任編輯：王　偉

責任印製：梁秋卉

出版發行：文物出版社

地　　址：北京市東直門內北小街 2 號樓

網　　址：http://www.wenwu.com

郵　　箱：web@wenwu.com

印　　刷：雅昌文化（集團）有限公司

版　　次：2020 年 8 月第 1 版

印　　次：2020 年 8 月第 1 次印刷

開　　本：889mm×1194 mm　　1/8

印　　張：85.25

書　　號：ISBN 978-7-5010-6458-8

定　　價：2600.00 元（全套兩冊）